オルグ学入門

新装版

村田宏雄

勁草書房

はしがき

オルグ活動は、ひとがひとに働きかけ、働きかけた相手のひとを組織化するという活動であるだけに、人間の活動のなかでも、もっとも人間臭の強い活動のひとつである。そうであるだけに、オルグ活動は、従来オルグにあたるひとの個人的な経験や勘或いは洞察などといった極めて私的な日常体験の積み重ねとして発展してきた。したがって、その活動の仕方も十人十色ならば、オルグの相手によって同じひとでもオルグの手法を異にするといった具合で、到底これを普遍的に妥当する形で組織だて、秩序づけて、明らかにするというようなことが困難と思われてきた。またそのような試みも、あまり行われていないようである。

このため、こと新しくオルグ活動にとりくもうとするひとは、数々のオルグ活動の成果をあげ、オルグのベテランになるまでに、数多くの失敗という嫌な経験を重ね、試行錯誤の繰り返しを経験しなければならぬというのが、今日の現実である。この現実が、多くのひとびとに、オルグ活動にとりくむことを躊躇させる重大な原因となっている。

しかし、大衆組織を拡大発展させるためには、その組織の参加者の殆んどすべてがオルグとなり、積極的にオルグ活動を展開し、オルグの成果をあげ、そのなかから名オルグがリーダーとして輩出するようにならなければならぬ。だが、オルグ活動が困難で嫌だからといって、多くのひとがオルグ活動にとりくむことに背をむけるようでは、組織の活性化・拡大強化が望めない。

だが幸いにして、オルグ活動はオルグとオルグされる側との心の働きによる活動である。ひととひとの心の働きについては、すでに社会心理学がかなりの研究を進めてきている。そこでここでは、これらの社会心理学の知見を活用することで、私的なオルグ活動をも客観的に捉え、ここに誰が誰に対してどんなことをオルグする場合にも、一応の成果が期待できるようなオルグ活動の仕方を、組織だてて明らかにすることを試みた。

一般に学問とは、普遍的に妥当する知識を、秩序だてて明らかにすることで成立する。そうであるとすれば、ここでオルグの仕方について、普遍妥当な知識を組織だてて明らかにしようとする試みも、また学問の一種ではないか。その意味でここでは敢えて大方の叱責をも顧みず、「オルグ学入門」とした。すでに、支配者にとって必須の知識を集大成したと思われるものに、帝王学があるという。そうであれば、支配者に対抗する大衆の必須の学として、オルグ学があってもよいのでないかと考えたからである。

だが、そうはいうものの、本書で述べたことは、オルグ学と名のるには、未成熟なところもある。だが、これはひとつの試みであるので、今後このオルグ学が大衆の手によって発展し、学問の世界で市民権を獲得するとともに、さらに成果のあがるオルグ方法が開発されることを祈ってやまぬものである。

本書の刊行にあたっては、勁草書房の石橋雄二氏の御助力のあったことを記し、感謝の意を表する。

一九八二年一月

著　者

目次

第二章　オルグ作戦とその計画の策定

第三章　オルグに必要な心理知識とその利用

第一章　大衆組織化の意義とオルグ活動

(1)　非力大衆を強力化する方法

大衆と呼ばれる状況のなかに埋没していると、ひとりの人間の力は大変非力である。だがこの非力な人間も、極端に強力な力を発揮する方法がある。それは大衆のなかに埋没しているひとびとを、お互いに強い結びつきもなく個々バラバラでいる状態から分離して、組織化し、大衆組織を結成することである。その上、この大衆組織に組織化される大衆の数を増加させ、いわゆる組織の拡大をはかると、それに伴って強力化し、遂には政治・経済の動向まで左右する程の強大な力を発揮するまでになる。

かつて我が国の中世後期、叡山の僧兵は時の政治力の中枢である朝廷に度々集団で強訴し、横車を押し通すことで、朝廷を悩ますものの代表であった。一方戦後全国的規模にわたって労働者大衆を組織化した一大大衆組織のひとつに、労働組合のナショナル・センターとしての総評がある。この総評がかつて組織の強大さを誇っていた頃、自民党政府の政治のやり口に、とかく「何んでも反対」を唱えたことがある。その当時巷間では、「昔僧兵、今総評」と云う言葉が、流行した程である。

本来、労働者大衆個々人の力は、大変弱い。企業に雇用され賃金を支給されることで生活している労働者ひとりひとりは、使用者である企業に対し、労務指揮権の行使を認め、企業が指揮する労務を提供する義務を負う。この労務提供義務の履行に対し、企業側の賃金支払義務が履行されるという関係にあるので、企業と労働者個人の関係は、企業を上とし労働者を下とする上下関係である。これでは、労働者の力が弱いのも当然である。

だがこの非力な労働者大衆も、組織化され労働組合という大衆組織を結成すると、始めて企業と対等の立場に立ち、賃金その他労働条件の向上を企業に迫ることができるまでの力を発揮できる。それどころか、労働条件を比較的同じくする同種産業の労働組合が結集、産別組織をつくり、この産別組織のうち、労働運動の理念を同じくするものが結集、前述の総評や同盟或いは中立労連・新産別といったナショナル・センターをつくることで、組織の肥大化をはかると、使用者である企業どころか、一国の政治を左右するまでの強大な力を発揮するようになってくるのである。

労働者大衆のみに限らない。住民大衆でも住民組織をつくるまで組織化されると、地方行政に対して、住民パワーを発揮する圧力集団となる。個人では非力な農民も組織化され、全国規模の組織である農協ともなると、強大な農民パワーを発揮する。非力な個人である大衆が、強大な力を発揮する方法、それは大衆を組織化し、大衆組織を結成、その後も大衆の組織化を活発に行い、その大衆組織の組織拡大をはかることである。

(2)　大衆組織化の困難性

だが大衆は、そのまま放っておいては、いかに大衆を組織化しなければならぬ状況に追いこまれていても、なかなか組織化しないものである。それを証明する例はいろいろある。大衆運動では、大衆を組織化して、大衆組織をつくることが、まず何を措いても必要である。その上大衆運動の発生には、社会不安を始め、その他いろいろの社会的条件の発生が必要であるとされている。つまり社会不安があって、始めて大衆興奮をおこし、大衆が組織化するというわけである。

我が国で中世後期以降、在地武士・土豪・百姓等を打って一丸として各地に続発した一揆は、荘園領主の年貢のとりたてがきびしすぎるとか、凶作で生活苦に陥入ったとかで、地方在地住民が社会不安に襲われることで、発生した例が殆んどである。だがそのような社会的条件だけでは、一揆の発生までに至っていない。そのような条件下で、大衆を組織化する活動にとり組むひとが出現、このひと達によって、地方住民の間をたずねてまわり、一揆をおこそうということに関する語らい合いが行われ、その語らい合いに成功することが、まず何より必要であった。その上この語らい合いの結果、住民或いは住民代表が神前に集合、そこで「多分之詮議」という多数決原理にもとづく大衆集会がもたれ、「多分之詮議」で多数決として一揆決行が議決され、その後誓文を神前で焼き、その灰をとかした水を汲みかわして飲む「一味神水」と、金物を打つ「金打」の行事が終了したところで、始めて一揆としての成員性が生れ、一揆が組織化されたといわれている。このことは、社会不安のみでは、大衆が組織化できづらい例である。

また労働者の団結を「共産党宣言」で叫んだマルクスが、労働者大衆はそのひとりひとりが不平不満の状況に陥入らない限り、なかなか団結しないといったのも、労働者大衆が組織化しなければならぬ状態におかれながらも、なかなか組織化しない現実のためであろう。

このように、とかく大衆は組織化しなければ抜きさしならぬ状況に追いこまれていても、それだけの条件のみでは、容易に自然発生的に組織化し、大衆組織を結成することができないものなのである。この大衆を組織化するには、一揆の例のように組織化するひとが出て、組織化活動をする必要がある。

(3) オルグの意味

以上で大衆を組織化するには、組織化活動をするひとを必要とする現実のあることがわかったが、今大衆を組織化する活動を営む社会では、この組織化活動をするひとのことをオルグ、組織化活動をすること或いはその活動に成功することをオルグする等と、日常呼ぶならわしがある。

このオルグという言葉は、日常語であるため、日常語の特性として、極めて多義的で、いろいろな意味につかわれ、極めてあいまいな面を持っている。たとえば組織化活動をするひとをオルグと呼ぶなら、そのひとが行う組織化活動は、当然オルグ活動ということになるはずである。だがオルグ活動という言葉もつかうが、オルグ活動をもオルグという言葉で、あらわす場合もある。

オルグが多義的であるのは、以上の事実ばかりでない。大衆組織も巨大になると、その存在が社会で承認され、市民権を獲得して労働組合の存在が労働法で保障されているように社会制度となり、その生存可能性が確実となる。さてそうなると、その一方既に組織化したはずの組織大衆のなかに、自分が参加している大衆組織の活動に、あまり関心を払わない無関心層が増加してくる。今組織されたひとが、その組織の一員であるという自覚を持つことを成員性というが、問われてみれば成員性があるものの、それ以外の時は、その組織の成員であることさえ意識しないというひと達が増加する。

たとえば、職場集会を始め、単組の組織活動等に滅多に参加しないひと、いくら参加するよう勧誘しても、参加しないひと、或いは参加するには参加したが、眠っているひとなどが、これである。或いはまた政党の党員組織の一員となっているものの、選挙活動など一切しないひと達等がある。

このような無関心層がいたのでは、形の上で大衆組織が拡大しても、その組織は形骸化・空洞化しているので、集団としての力を充分発揮することができない。結果としてその大衆組織の力は減殺される。そこで大衆組織として力を発揮するには、これらの無関心層をできる限りなくすようにしなければならぬ。無関心層に組織活動に対し関心を持たせるようにすることを、今改変と呼ぶ。無関心層を改変させ、時に活性化するための活動、これもまたオルグと呼んでいる。

(4)　オルグ活動の仕方の開発の必要性

ここでは今この慣行に従い、大衆を組織化するひと、組織化する活動、あるいは無関心層を改変したりすることを始め、組織を活性化することを、すべてオルグという言葉で呼び、時には組織化活動をオルグするとか、オルグ活動と呼ぶことで、オルグ活動の仕事を明らかにすることにしよう。

ところで、ここでオルグの仕方、つまりオルグ活動の方法を、明らかにしようなどという試みを企てる理由は、以上の理由のみでない。他にもある。それは従来いろいろとオルグ活動が実践されてきているが、その成果が必ずしも充分あがっているといえないからである。

早い話、今日、労働組合は既に述べたように、巨大な組織になるまでに、労働者大衆を組織化することに成功してきた。だがそういうものの、わが国の労働運動は、イデオロギーの相違によって、絶えず分裂・統合をくりかえしている。今日においても、総評・同盟・中立労連・新産別の四つのナショナル・センターに分裂している。そればかりでなく、以上四つのナショナル・センターのいずれにもまだ加盟しない純中立の単産・単組も数多い。その上、労働組合に組織化されていない未組織労働者が、組織労働者の一・五倍近くもあり、しかもこれらの未組織労働者らこそ、組織化する必要に痛切に迫られている中小零細企業労働者なのである。

さて、前述四つのナショナル・センターを始め、それぞれのナショナル・センターに加盟している産別組織あるいはその産別組織加盟の単組では、それぞれのイデオロギーにもとづき労働運動の組織拡大を目ざして、他のナショナル・センター加盟の労働組合、あるいは純中立の労働組合、それに未組織労働者を対象に、オルグ活動を積極的に展開し、時に血で血を洗うに近い闘争を、反復したりしている。それにもかかわらず、主として官公労を中心とする総評四〇〇万、民間大手企業の労働組合を中心に、官公庁の労働組合を僅かに一部組織化している同盟二五〇万、電機関係労組を中心とする中立労連九〇万、新産別一〇万の組織勢力は、多少の変化があるものの大勢が大きく変化しないままとなっている。

これらの労働組合と支持政党という点で関係の深い政党が国民大衆を政党の下部組織である党員組織に組織化した人員をみても、社会党・民社党がほぼ同数のたかだか五万程であり、地域住民の組織化に力を入れている共産党にせよ、公称四〇万に過ぎない。

要するに、オルグ活動は今日大変むつかしい活動なのである。それ故成果があがらない。そのため、オルグ活動の仕方を開発する必要があるというわけである。

(5) 理論オルグ偏重の固定観念

そこで従来からのオルグのやり方をみると、大きく二つに分けることができる。そのひとつは、特定のイデオロギーを中心に、このイデオロギーを道具にオルグしようとするもの、他はイデオロギーよりも、実践的な勘や経験あるいは一時の思いつきを中心とするもの、との二つに大別することができる。

大衆を組織化して、大衆組織を結成その組織拡大をはかることが、思想の実践的展開であるとする立場においては、このイデオロギー中心の組織化活動が行われるのも当然である。だが大衆を組織化する活動のなかには、実践的要請から生れ、その後この実践を裏づけるために、思想が構築されたものもある。前者は、マルクス主義にもとづく労働運動のため、労働者大衆を組織化しようとする活動が、その例であり、後者は同盟を中心とした民主的労働運動と呼ばれる労働運動のため、労働者大衆を組織化しようとする活動がその好例である。なお後者の組織化活動は、それ以外行政に対する不平不満あるいは権利の保障・拡大など、現実生活の必然性から、住民大衆を組織化する必要上生まれる組織化活動に、その例が多くみられる。

だが大衆一般にとっては、前述イデオロギーの実践的展開として行われる組織化活動が、なにかにつけ顕著に目につくところから、オルグ活動というと、あたかもこのイデオロギーを中心とするオルグ活動が、オルグ活動の主流であるかのように受けとられる。もちろんイデオロギーの実践的展開として行われるオルグ活動の場合といえども、イデオロギーのみによるオルグ活動が展開されているわけでない。他の形のオルグ活動の方が、遙かに数多く展開されていると見ることもできる。

それにもかかわらず、イデオロギー中心のオルグ活動こそ、オルグ活動の主流と思う考え方が固定化し、実践的要請からスタートとした運動のオルグ活動までもが、なにか思想を構成する理論を道具にしない限り、オルグ活動ができないとか、あるいはオルグ活動でないかのような固定概念に捉われてしまっている。今、この思想を構成する理論を用いてオルグする方法を、理論オルグと呼ぶとすると、理論オルグこそ、オルグの本流で、それ以外はオルグでないとか、オルグできないものと思いこむ傾向が、わが国に生れてしまっている現実がある。

だが、理論でもって大衆をオルグすることは、後にも詳述するが心理学的に見て、大変むつかしい。もちろんイデオロギーのなかには、このことを知ってか、逆に人間心理、ことに大衆の心理を利用して、組織化し易いように構築されたものもある。だが多くの理論構築者は、組織化の便宜のことなど全く考えない。そのようなことを考慮して理論を構築するのは、理論の純粋性をみだすものと考えている。これでは理論を用い、理論オルグをしても、オルグの成果を期待することができない。ことに理論オルグをオルグの本流とみる固定観念、これが大衆の組織化活動として、オルグが今ひとつ期待通りの成果をあげえない理由である。

(6) 従来のオルグ方法の欠点

ここで勘や経験・思いつきによる方法を中心としたオルグ活動について、その効果を検討してみよう。勘や経験や思いつきによるオルグ活動が、すべて効果があがらないというわけではない。そのなかには、素晴らしい効果をあげるものも多い。だがこの方法にのみ頼ってオルグする場合には、次のような欠点がある。

欠点の第一は、勘や経験あるいは思いつきによる方法は、結果に関する保証がないということである。ある時ある方法を使用して成果をあげたとしても、その成果があがったのは、たまたま偶然であったかも知れない。他の時他の相手に対して、同じ方法をつかってみたところ、成果があがらないかも知れないというわけである。このようなことを、客観的妥当性がないという。

欠点の第二は、オルグ活動は多くの場合実践しても、その成果の成否がオルグ本人に、直ちにわからないことから生まれる。誰でも勘や経験あるいは思いつきでオルグする場合、自分の実践するオルグ活動こそ、成果があがると多少なりとも自信を持つものである。事実、この自信がなければ、オルグ活動など実践できるはずのものでない。

人間は自信のあることを実践すると、自己満足がえられる。まして実践をして、その結果の成否が、直ちに反応としてオルグにハネ返ってこないことが多い場合など、オルグとしては、オルグの相手のことなど考えずに、専ら自分が自信をもっている実践を行い、自己満足を獲得できたことで、その実践の結果がどうであろうと、満足してしまう。これでは全く自己満足のためにオルグをしているようなもので、オルグになっていない。しかもそのことをオルグ本人に、気づかせるチャンスが非常に少ない。このようなことで、結果のわからない勘や経験あるいは思いつきによる方法は、えてしてオルグ本人の自信過剰の結果オルグすることにならず、オルグ本人の自己満足に終始してしまうこととなり易い。これではオルグ成果があがるはずがない。

(7) 大衆の自己中心性

オルグの成果があがらない今ひとつの理由は、オルグの相手である大衆の側にある。その理由とは、大衆と呼ばれる状況にある時、とかく人間が自己中心的になり勝ちだということにある。

ひとは大衆と呼ばれる状況にある場合、⑴匿名性といって、お互い同士がよくわからない。極端な場合、名前さえ知らぬという状況にあるのが普通である。⑵次に流動性といって、一緒にいたとしても、それは一時期一緒にいるだけで、決して固定的なものでない。たえず変化している。⑶その三は、こういう状況におかれていると、他人に対して責任を持つ必要がないから、極めて無責任となる。⑷その上、つきあっているひとがいても、たとえ家族や職場の仲間に対しても、そのつきあいは、自分の一面を出してのつきあいであり、決して全面的なつきあいでない。このためとかく孤独感に陥入りがちとなる。孤独感は不安を招く。このため大衆と呼ばれる状況にいる時、ひとはとかく多少なりとも、心の底で不安感に悩まされる。その揚句、不安から脱出しようとして、自分のことのみ考えることになる。

以上のことから、大衆はともすれば自己中心的、自己利益追求型となり、他人のことなどあまり考えたがらなくなる。街で何か困っているひとがいるのを見ても、そ知らぬ顔で通り過ぎ、そのひとを助ける等という愛他的行動に出ることが少いのは、このあらわれである。

このような心理状態にあることが多い上に、大衆を組織化する必要性が、自分ないし自分と一体感を持つ家族の生存可能性と直接関係をもつものならともかく、直接関係を持たぬものであることが多い。本当はその生存可能性と関連があるのだが、一寸見た程度では、その深い関連がよくわからぬことが多い。

たとえば、漁業権の侵害であるとか、疾病にかかるとかということであれば、直接生存可能性にひびくことがあるから、侵害を受けた大衆や疾病にかかるおそれのある大衆は、たちまち組織化される。だが、労働組合の運動のように、賃金労働者大衆の雇用を守り、賃金その他労働条件の向上に資するための大衆組織であっても、それは雇用されていることから生じてくる要請であり、生存可能性に直接影響を与える企業の仕事そのものでない。したがって、その組織化活動や大衆組織としての組織活動も、専従者以外勤務時間外のいわゆる余暇に行なわれるもので、いうならば片手間仕事である。そうなると、片手間仕事の分野での組織化は、組織化されただけで、その後何も組織活動に参加しなくてよいような名誉会員や名誉職の場合は別として、余暇をさいてまでも、結構活動しなければならぬ場合、組織化しづらいし、組織化したところで無関心となり、自己利益追求の本業の方に、専ら関心がむけられることとなる。労働組合が組合員に行った意識調査の多くに、組合員の意識として、組合志向より、企業志向が多くみられるのもこのあらわれである。

(8)　労働組合とオルグ活動

オルグ活動が、従来通りのままイデオロギー中心型と、勘や経験や思いつきの実践尊重型のまま、それ以上進歩発展していない理由がいまひとつある。その理由とは、大衆の組織化をはかる方法について、一番それをより有効なものへと発展させる条件に恵まれている組織が、少しもオルグ活動の手法の開発研究を進めようとしていないことにある。

それはどこであるかといえば、労働組合である。労働組合こそオルグ活動を必要とする状勢にあること、既に述べた通りである。しかし見方によっては、今日わが国の労働組合ほど、オルグ活動の必要性を感じないでいられる大衆組織も少い。その理由は、今日わが国の民間企業の労働組合は、その多くが使用者との間で、ユニオン・ショップ条項を労働協約のなかに一項入れている。これは今日尻抜けユニオンであるものの、このユニオン・ショップ条項を労働契約のなかに入れていると、企業に雇用されると同時に、その企業が単一組合である時、その労働組合の組合員に自動的に組織化されることになる。そのため新入社員や中途採用の社員が新人として入社してきたからといって、企業別単一労働組合の場合、その新入社員を特別オルグしなくてもよい。捨てておいても、自然と組合員となる。

さらにチェック・オフといって、組合費は使用者側の経理が、本人に支給する賃金のなかから、組合費を天引し、それを労組会計に払い込む制度をとっている。これでは労組として組合費を徴収するため、オルグ活動始め集金その他の活動をしなくてもよいことになる。

こうして、労働組合の場合、別にオルグ活動をしなくても、その存在は保証される。もしオルグ活動の必要が生ずるとしても、それは無関心層を改変するためか、使用者側との団交を有利に導くため組織活性化をはかるためとか、敵対思想の支持者、組織に対する反対者・批判者がいれば、それを説得するためかである。それならば、少数のオルグ専門家がいてくれればよいわけで、それはオルグ本人の能力に任せればすむことである。そうなると、オルグ活動の仕方の研究開発など、力を注ぐ必要がないことになる。

(9) 似而非大衆組織

だがそういうと、ナショナル・センターのなかには、何かにつけて、政党と一緒になって、国民運動を展開するとか、大衆運動をおこすとか、豪語しているではないかと反論するひとがいる。これら大衆運動は、いずれも大衆を組織化することで始まる。したがって、労働組合も絶えずオルグ活動を大規模に展開しているのではないかと、不審に思うひともでてくるであろう。

だが今日ナショナル・センターや政党の掛け声で行われる国民運動は、決して大衆運動でない。強いていえば、間接大衆運動ともいうべきもので、本当の大衆を組織化することで始まる大衆運動からみれば、似而非なものである。これらは大衆運動と豪語しながらも、既成の傘下組織あるいは協力組織に、組織動員をかけているに過ぎないのである。国民運動と称しても、組織に関係のない本当に組織化を必要とする国民大衆は、組織化されることもなく、放置されたままである。これでは、オルグ活動など、その方法に特別苦心を払おうなどという気持がおきるわけがない。

なお政党の場合、政治が大衆化した今日、下部組織として党員組織に、国民大衆を組織化し、その組織を拡大することが、何よりの急務であるはずである。この組織拡大こそ、選挙の際、集票活動の効果をあげる道である。

だがそれにもかかわらず、多くの政党は、党員の組織化に本腰を入れようとしない。これは政党が前述の国民運動と同じことで、労働組合をあたかも下部組織であるかのように思い、あるいは他の大衆組織の力を必要な時借用すればそれでよいと思いこんでいるからである。その結果、オルグ活動などに、真剣にとり組もうとせず、それは専ら下部党員、ことに青年部・青年隊あたりの仕事と決めかかっている。幹部自身オルグ活動に身を入れているのは、皮肉なことには、本来エリートの党であったはずの自民党であると極論することすらできる。つまりオルグ活動に本腰をを入れているのは、保守の極の自民党、革新の極の共産党ぐらいなもので、他は間接大衆運動同様、間接大衆政党であり、したがって党員組織も似而非大衆組織である。

⑽ オルグ活動に対する誤解

では何故このようにオルグ活動は成果をあげることがむつかしいにもかかわらず、今まで当然関心を払ってよいはずの大衆組織すら、その方法の開発に関心がむかなかったのであろうか。その理由として以上にあげた理由のほかに、オルグ活動のやり方ということも、大きな影響があったと考えられる。

オルグ活動は、一般的には、オルグする側とオルグされる側との対人関係のなかで、何等かのコミュニケーションの形をとって行われる。コミュニケーションは、人間である限り、社会生活を送る上で、幼児期から誰もが獲得習熟しているごくあたり前の人間活動である。あたり前の活動とは、誰でもできる活動である。このため多くのひとは、オルグなどその気になりさえすれば誰もができることだと思っている。それ故、政党の幹部や労働組合幹部のなかには、自分がオルグ活動をした経験等、殆んどないくせに、下部党員や下部組合員の若いひとをつかまえて、やれ入党勧告をせよとか、機関紙の拡販を利用してオルグせよ等と指示している。労働組合などの場合でも、青年部をつかまえて、オルグ活動の必要性を力説したりする。だが、オルグ活動の方法など、手をとって教えようともしない。教えたくても、教えられないのであろう。

だがいかにオルグ活動が、人間の日常行っているコミュニケーションを利用する活動であるからといって、常々活動していることと、効果的な活動をすることとは、自ら別である。

オルグ活動と類似点の多い販売活動などは、科学的研究の結果をあれこれ利用して、それを効果的に行う方法が、絶えず研究開発されつづけている。しかも販売経験のないひとに対しては、販売の訓練をみっちりした上で、同行訪問などといって、初めて販売にあたるひとには、ベテランが同行し、実地研修を行っている。

販売がひとに買う気をおこさせることであるとすれば、オルグは大衆組織に参加する気をおこさせることである。とすれば、オルグの場合、オルグの方法をよく学習させたのち、ベテラン・オルグによる同行オルグがあっても、一向おかしくないはずである。しかし同行オルグを組織的に行ったなどということは、あまり耳にしたことがない。これはオルグに関して、誤った見解が横行しているしるしである。

(11) 大衆組織の発展とオルグ活動

ではオルグに関し、何故このように、口で重視しながらも心で軽視していたり、あるいは誰でもできるもので特別の技法を必要としないものだなどという誤まった認識があるのか。それは次のような理由による。

もともと大衆を組織化する活動によってつくられる大衆組織は、いくつかの段階を経過して発展する。主な経過の段階を示すと、(イ)初動段階、(ロ)弱少勢力段階、(ハ)不安定段階、(ニ)拡張段階、(ホ)制度化段階、(ヘ)硬直化段階の各段階がそれである。それぞれの段階において、リーダーとして備えねばならぬ能力は、およそ次のようである。まずオルグ＝リーダーであることを必要とする段階がある。その段階とは、初動段階・弱少勢力段階・不安定段階・拡張段階である。拡張段階でも後期頃から、これが制度化の段階にまで進む頃になると、多くの場合大衆組織は巨大化する。したがって、この段階では、オルグとして組織人員の拡大をねがうより、大衆組織を維持管理することが要請されると共に、オルグ活動をしなければならぬ分野も減少してくる。そうなれば、この段階では、あまり役に立たなくなったオルグの名手より、組織を維持するための管理能力のすぐれた人が、リーダーとして選出される可能性が大となる。つまり、この段階では、管理型リーダーが選出される可能性が大となる。

今日わが国の労働組合などのように、制度化した大衆組織のリーダーは、勢い管理型リーダーである。それ故これらのリーダーのことを「悪しき官僚」とか「第三官僚」などと、悪口をいうひともでてくる程である。

管理型リーダーであれば、当然オルグにすぐれていなくても、一向さしつかえないし、オルグ経験に乏しく、オルグに対する理解が皮相となるのも、当然なことである。

大衆組織として発展したものの典型のひとつである労働組合のリーダーにして、この有様である。リーダーが管理型である時、オルグに対するリーダーの無理解から、オルグ活動の方法、つまりオルグ技術の研究開発が、軽視されるのも当然である。こうして、オルグを必要と思われながらもオルグ技術についての開発に、今ひとつ熱の入らない理由が、ここにもあるとみることができる。

(12)　科学的オルグ技術の開発

以上がわが国のオルグ活動の方法、つまりオルグ技術に対する見方の現実である時、オルグ技術を発達させるには、どうすればよいか。オルグ活動にせよ、オルグされる活動にせよ、あるいはオルグされない活動にせよ、いずれも人間の行動である。人間の行動に関する限り、終戦以来、心理学・社会心理学を中心に行動に関する科学的知見が著しく発達した。この行動科学といわれるまでに発展した科学的知見を活用することが可能である。

そして、ここでは、勘や経験や思いつきを尊重するものの、行動科学の知識をオルグに活用、ここに行動科学によるオルグ活動の技術を発展させることにしよう。もっともそういったところで、行動科学的オルグ技術は、すぐに確立できるという性質のものでないことも確かである。

それは、今日のように行動科学が発達してきたが、その発達を求めたものは、むしろ企業の経営サイド・管理サイドである。したがって、今日行動科学の知識は、企業の経営サイド・管理サイドに利用され易くできている。反対に大衆の側に立ち、大衆の諸活動に利用できるよう発達していない。それ故行動科学が体制に奉仕する科学であるとして、反対制側のひとから激しく攻撃をされるのである。

そこで、これら行動科学の知見のなかから、大衆をオルグする活動の技術開発に可能なものを選択、それを利用することでオルグ活動の技術の科学化に役立てることにしたい。このような立場から、大衆組織化の各発展段階に対応して、オルグがとらねばならぬオルグの戦略を始め、各種オルグの技術を明らかにしてゆくことにしたい。将来ここでのべたことを足がかりに、科学的なオルグ活動の仕方が発展することを願うものである。

第二章　オルグ作戦とその計画の策定

(1)　オルグ活動の本質

オルグ活動の仕方、早くいえばオルグ技術を考えるにあたって、まずオルグ活動の本質とは何かを考えてみよう。

そのため、現実にオルグがとり組んでいるオルグ活動を見ると、それは一揆をおこす時の語らい合いのように、オルグがオルグする対象を相手に行う何等かのコミュニケーション活動である。それも主として、説得・勧誘、時に交渉のためのコミュニケーション活動である。

この外見上の技術からみて、とかくオルグ活動の本質を、説得・勧誘・交渉のためのコミュニケーション活動に過ぎないとみるむきがでてくる。それならばオルグ活動などは、心理学の知識さえ利用すれば、たちまち開発できると安易な考え方に陥入る。コミュニケーションに関しては、心理学的・社会心理学の研究が、かなり進んでいるからである。

だが、これは大変な誤解である。オルグ活動の本質は、単なる説得・勧誘・交渉のためのコミュニケーション活動でない。その本質は、大衆が力を発揮するために大衆組織を発展させるための手段であるということにある。オルグ活動により、大衆を組織化することで、大衆組織の拡大をはかる一方、その組織の強化・活性化に努め、それによって大衆組織を発展させることに役立てる手段、それがオルグ活動の本質なのである。

その証拠に、大衆組織が発展し、社会のなかで承認され市民権を獲得するようになると、ともすればその大衆組織は生存可能性が確実となったことに安心するのか、多くの場合、組織維持に関心がむけられ、組織拡大のためのオルグ活動が軽視されることが多い。そうなると、決まってといってよい程、その組織は沈滞・硬直化し、その力を充分発揮できなくなる。反対に組織拡大のオルグ活動が活発に展開されている間、組織は活性化し、発展する。

以上のことから考えると、オルグが行う説得・勧誘・交渉などのためのコミュニケーション活動は、オルグが大衆を組織化するために使用する道具に過ぎない。何度もくりかえすようであるが、オルグの本質は、あくまでも大衆組織発展の手段である。そこでオルグ活動の仕方を考えるにあたっても、オルグ活動の本質を見誤らぬようにすること、道具を本質とみないこと、が大切である。

(2) オルグ活動の作戦的性質

オルグ活動が大衆組織発展の手段であることから、オルグ活動の実践は作戦の様相を呈する。その理由を次に説明しよう。

第一に、オルグ活動によって大衆組織が発展、力を発揮することを、必ずしもよろこばない傾向が社会の側に働いているということである。つまり社会には既成の力関係で、一応のバランスが保たれている。これに対して、新しい大衆組織が誕生・発展して強大な力を発揮してくると、その力の抬頭によって既成の力関係のバランスが崩れる。このことは、既成の力関係のバランスで安住していたひとびとにとって、耐え難いことである。結果として、「出る杭は打たれる」といった諺にもある通り、大衆組織の発展に伴って、その一方、この発展を叩き、壊滅させようとするカウンター勢力が、社会の側に抬頭してくる。オルグ活動は、こうしてこのカウンター勢力との闘争ということで、その生存可能性が確実となり制度化するまでの過程では、激しい作戦の様相を帯びる。

たとえば、労働組合を結成し始めた当初から終戦前後まで、労働者大衆を組織化しようとするオルグ活動は、組織的権力を始め、使用者側からの激しい弾圧を絶えず受けつづけている。

オルグはこの弾圧との闘争に勝ち抜かねばならなかったのである。また、日蓮・親鸞による日本的仏教の教団づくりは、仏教をエリートだけのものと考える時の組織的権力により、激しい迫害を受けている。布教はこの迫害に対抗し、勝たねばならなかったのである。

だが大衆を組織化する活動は、大衆組織が発展し制度化した時代になっても、作戦的様相をぬぐい去れるものでない。どのような時代でも、人間には個人差があるように、主義主張にも差異がある。反対の自由を圧殺する独裁専制の社会体制なら別だが、反対の自由を尊重する民主主義体制の社会では、当然主義主張の差異を認めるから、同じ性質の大衆組織でも主義主張の差によって、ここに互いに相対立し敵対関係に立つ大衆組織が生れてくる。労働組合のナショナル・センターが、わが国の場合、四つに別れ、対立しているのもその例である。

こうして対立しあった大衆組織は、お互いに相手よりもその勢力を拡大しようとして、未組織大衆をひとりでも多く自分の大衆組織に組織化しようとし、未組織大衆を草刈り場とみると同時に、相手組織をも互いに喰いあいまたそれを護ろうとして、組織的に攻防戦を展開する。その最前線に立つのがオルグなのである。そうなると、オルグ活動は、どうしても作戦とならざるを得ない。

以上の状況のなかでのオルグ活動であるとすれば、オルグの対象は必ずしもよろこんでオルグに応ずるものでない。オルグされまいと抵抗し、ここでもまた作戦となる。

(3) 作戦計画策定の必要性

以上で、オルグ活動は作戦的性質を持つものであることがはっきりしたが、オルグ活動が作戦であるとすれば、その実践にあたっては、当然欠落することができぬものがある。それは作戦計画である。オルグが作戦であるとすれば、オルグの成果をあげることは、このオルグ作戦に勝利することである。作戦に勝利するには、どのような作戦の場合にも、作戦計画なしに作戦するというのではいけない。必ず作戦計画を策定、これにもとづいて、作戦を遂行するべきなのである。

もっともオルグ活動に限らず、すべて何等かの目的を持ち、その目的を遂行するための活動の場合、実践に先立ち計画を立案することが必要である。それ故企業活動の場合等は、活動するにあたり、活動後の反省も含めて、プラン・ドウ・シー (Plan Do See)、つまり計画・実践・反省が合言葉としてよく使用される程である。

オルグ活動の場合でも、活動であるから、企業活動同様プラン・ドウ・シーが必要である。そのため、オルグ作戦の実施に先立ち、作戦計画を策定する必要があるという面もあるが、オルグ作戦において作戦計画の策定を必要とする所以は、さらにそれ以上のものがある。

その第一は、オルグ活動の場合、ひと度オルグ活動を実践するや、オルグの背後にある大衆組織が他の対立敵対組織との間で、喰うか喰われるかの攻防戦の展開へと発展、この攻防戦に勝利しない限り、敵対・対立組織から喰われる可能性があるということである。オルグをしてオルグ不成功に終った時、オルグに抵抗して勝利したオルグの相手は、そのことを組織に告げる可能性が多い。そのようなことがあると、オルグされかけた者を組織化している組織では、自分の組織が攻撃されていることを知ると共に、オルグのやり口がわかってしまっているので、それに対する対抗手段を考えた上、組織防衛に出る。いやそれどころか「攻撃は最大の防御である」との諺の下に、オルグに失敗した組織に対し、組織攻撃をかけてくるおそれがある。このことは、敵対・対立組織にオルグをかける場合、予め充分考慮に入れておかなければならず、したがって、オルグ作戦を展開するとなると、失敗は許されない。それだけに、オルグ活動実施にあたっては、失敗の場合も考慮して事前に充分な作戦計画を練る必要が生じてくる。草刈り場である未組織大衆に対してオルグをかける場合も、それによって敵対・対立組織との攻防戦に発展することを考慮に入れ、作戦計画を策定する必要がある。

その理由の第二は、オルグ技術に各種のものがあり、その技術ごとに効果が異ることである。

そのため、オルグ作戦を展開するにあたっては作戦目的からみて、どのオルグ技術を採択するか、計画しなければならぬ。ここに作戦計画策定を必要とする所以がある。

(4) オルグの戦略・戦術

作戦計画の策定にあたって必要な情報のうち主要なものは、戦略・戦術に関する知識である。戦術というのは、個々の作戦場面に使用する闘いの方法であり、戦略とはこれら個々の戦術を効率的に統合して、作戦目的遂行のためシステム化する時に使用する基本原則である。

たとえば、戦略とは短期決戦を挑むか、持久戦に持ち込むか、包囲作戦に出るか、各個撃破でゆくか、陽動作戦を採用するか、奇襲でゆくか、あるいは待伏せを採用するかなどということで、毛沢東の人民戦争の理論などは、この戦略を示したものと考えられる。これに対して戦術とは、航空機を用いて空襲する場合、戦闘機隊をどのように使用して、爆撃機を援護できるよう制空するか、あるいは爆撃機をどのように使用して爆撃あるいは雷撃するか、また偵察機をどうつかって敵情をどう索敵したり、戦果の確認を行うか等という戦闘上の極めて技術的な用兵の方法である。

故にどのような戦略を採択するかは、作戦目的が明確化している上に、加えて個々の戦術に関してその戦術はどんな時、どんな場面で用いれば、どのような効果があがるかについて（もちろん予想であるから、可能性という確率的なことでないといえないにせよ）、知識を持っていなければならぬことになる。この戦術に関する知識を基礎に、敵情と作戦目的ならびに自分の勢力等を参考にして、これらの戦術をどのようにシステム化するかということで、戦略が定まり、この戦略にもとづいて、作戦計画の細部が定まることになる。

オルグする場合も、それが作戦で作戦計画の策定が必要ということになると、そのためには、戦略・戦術に関する知識が必要となる。まず最初にオルグの場合の戦術とは何かというと、それはオルグがオルグ対象を相手にオルグする場合の技術ということになる。オルグ活動は、何等かのコミュニケーションを利用して行われるので、それはオルグするためのコミュニケーション技術ということとなる。

オルグ用のコミュニケーション技術としては、今日までのところ、既にいくつか開発されており、それら技術ごとの効果も、今までの経験や実験によってある程度わかっている。そこで次に、それらをオルグ技術として述べることにしよう。

(5) 二種の理論オルグ

オルグの戦術であるオルグ技術は、オルグがコミュニケーション活動に利用する道具によって、各種のものが生れる。その技術の詳細は後述するとして、ここでは戦略を採択するに必要な知識を与えるという意味で、これら道具によるオルグ技術の違いと、その一般的効果のごく概略的な説明を行っておくことにしよう。

(イ) 理論オルグの技術

理論を道具に用いて、オルグする方法で、従来オルグといえば理論オルグを指す程、オルグ活動のなかでの正当派である。これには次の二種のやり方がある。

(a) 正当派理論オルグ　これはオルグが、大衆を組織化しなければならぬ必要性・必然性に加えて、組織後の展望性等を論理的に構築された理論でもって伝え、それによってオルグ対象が、組織化の必要性を認識、大衆組織の組織活動に使命感を感じるようにすることで、オルグしようとする方法である。理論オルグといえば、このオルグを指すほど、これはオルグのなかでも、正当派中の正当派で、マルクス主義の立場で理論武装、その他大衆を組織化する活動では、理論学習などといわれているものがこれに相当する。

効果としては、大衆むきでない。活動家や組合リーダーなどに対しては、補強効果を上げるし、オルグ活動をするひとは、是非とも一度はこのオルグを受けておくことが望しい。

(b) 大衆用理論オルグ　これは理論オルグといっても、正当派理論オルグのように精密に論理構成された理論を道具に、オルグしようとする方法でない。そのような理論オルグをしても、大衆が理解困難且つ行動に出ないところから、理論の形をとるものの、それは外見上で、その実、理論における論理的飛躍・矛盾などは一切かまわない。方法としては、組織化されることによる現実利益を強調、その現実利益を享受することが、理論オルグで説く理想目標実現の第一歩であると説く。ただし現実利益の享受が、何故理想目標の実現の一里塚なのか、その論理的展開は省略する。

これは無関心層、関心層などを改変あるいは公然化させるのに効果がある。ただし、教養が高いひととの場合は不向きである。

しかしながら、この大衆用理論オルグは正当派理論オルグより一般性があり、一般に理論オルグとして行なわれるものの多くはこれである。オルグされそうであるが、まだ多少の抵抗を示すひとを個人オルグする場合などによくこのオルグが使用される。グループにまとめてオルグする場合にも最適である。もちろんその名が示すように大衆オルグに使用してよい。

(6) 感情・文化・行動・理論闘争オルグ

理論オルグ以外にもいろいろなオルグ技術がある。それを一括提示しておこう。

(イ) 感情オルグ

これはオルグ対象者の感情に訴えることにより、聞き手である対象者個人々々の心に、心的興奮を誘発させるとともに、聞き手のすべてを大衆興奮にまで発展させ、オルグしようとするものである。アジテーションによるオルグがこれである。これには次の二つの代表的方法がある。

(a) 恐怖喚起アッピール　対象者に強烈な恐怖感・危機感を喚起させるような内容のコミュニケーションを行い、それから逃れる方法はただひとつ、大衆組織に一員として参加し、組織活動をすることだと主張する方法である。現状のままで対象者がいることに恐怖感・危機感を感じさせるためには、それを裏づけるに足る都合のよい事実のみをあげ、都合の悪い事実はかくす一面提示法による。また何故それから逃れる方法が、大衆組織に参加することなのかの説明は論理的でなくてよいし、あるいは後述のダーク・ロジックを使用してもよい。効果としては、敵対組織の組織化大衆、未組織大衆、組織内無関心層・関心層などを改変ならびに活性化するのに適する。

⒝　スケープ・ゴート法　これはいけにえをつくり、すべて悪の責任をそのひとひとりになすりつけ、そのひとを打倒するということで組織化をはかり、組織の団結を強化するという形のオルグである。スケープ・ゴートを憎悪の対象にすることが、このオルグの秘訣である。

効果としては、敵対組織の組織化、未組織大衆の組織化、無関心層・関心層の改変・公然化・活性化を始め、組織内に批判層をつくり、組織の指導権を奪取する時などに、その成果が期待できる。

以上の感情オルグは、オルグが大衆であろうと、グループであろうと、個人であろうと、そのすべてに使用できる。

㈺　文化オルグ

大衆文化や大衆芸能あるいは集団的レクリエーション活動を利用して、オルグをする方法、中高年齢層は、見聞きできる大衆文化を、青年層は誰もが参加したくなる文化体育レクリエーション活動を、イベントとして実施することで、多数のひとをひきつけ、オルグの足がかりをつくるものである。未組織大衆の無関心層を始め、組織内無関心層、敵対組織無関心層をひきつける手段として役立つ。

(ハ) **行動オルグ**

大衆の参加したくなるような行動を行うことで、大衆を参加させ、同一の集団行動とシムボルの共有で一体感を高め、大衆を好意化し連帯強化することで、他の理論オルグ・感情オルグ成功の下地をつくる方法、すべての無関心層、すべての関心層を対象にオルグするのに最適な方法である。

(ニ) **理論闘争オルグ**

これはオルグ対象と理論闘争を挑み、それに勝利することで、批判者・反対者・敵対者までも組織化しようとする方法である。だが実際の効果は、敵対者・反対者等を相手とする場合あがりづらい。ただ敵対・対立組織に組織化されている無関心層、未組織無関心層、類似組織無関心層の前で、これを行い勝利したところをみせると、そのひと達を改変・活性化できる可能性大となる。

(7) その他のオルグ技術

そのほか、オルグが対象とする人数によっても異ると同時に、その効果にも差異がある。

(イ) **個人オルグ**

これはオルグ活動として、もっとも基本的なもので、オルグ対象をただひとりとする場合である。極秘裡にオルグしなければならぬ時とか、オルグされることに強い抵抗を示すひと、あるいはどうしてもオルグする必要のあるひと等をオルグする場合に使用されることが多い。オルグの方法は、それこそオルグの対象により千差万別で、前述の各オルグ技術（ただし文化オルグ・行動オルグを除く）のすべてを使用する。

(ロ)　**グループ・オルグ**

数人ないし十数人を相手に、座談会形式を借りてオルグするやり方で、正規には関心層の公然化、活動家の補強に効果をあげることができるが、使用の方法によっては、反対者・批判者の回心、敵対者の発見排除などに使用することも可能である。

(ハ)　**大衆オルグ**

これには次の二種類がある。

(a)　施設内オルグ　　講堂・食堂・ホール・広間・体育館その他広場等に大衆を集めてオルグするやり方で、組織内無関心層・関心層の改変・公然化・活性化などの効果を期待することができる。だが反対者・敵対者・批判者に対する効果は殆んどない。

(b)　街頭オルグ　　街頭で通行人相手に、これを組織化するためのオルグ技術で、日蓮の辻説法以来、大衆を組織化するための正攻法のひとである。だがこのオルグ技術は、デモストレーション効果をあげ、それによって未組織関心層を公然化させ活性化する効果があるが、それ以外のオルグ効果は余り期待できない。

以上のオルグ技術のほか、特殊なオルグ技術として、次のようなものがある。

(ニ) 拠点オルグ　これは組織拡大のための拠点づくりをすると共に、その拠点を基地として、まわりの無関心層を好意化しながら、スケープ・ゴート法その他で、批判勢力を育成・組織化する方法で、敵対組織に対する攻略・組織のたてなおし等に効果をあげる。

(ホ) 潜入オルグ　もっぱら敵組織・反対組織を壊滅、これを組織化するためのオルグ技術で、オルグであることを全く秘密にし、時に敵組織の活動家を装おい、大衆から好意化を獲得、敵中枢に地歩を占める。もちろんその間敵組織のウィーク・ポイントを調べ、敵組織の中枢部の弱点把握に努め、機会があれば、組織ごと組織化するというオルグのやり方である。ただしこれはよほど筋金入りのひとでない限り、誰にも容易にできるものではないし、また裏切者といわれることを覚悟しなければならない。

(8) オルグ技術の戦術的利用法

次に以上に述べたオルグ技術を、オルグ対象の違いに対応して、どのように戦術的に使用すればよいか、その主要な例を示しておくことにしよう。

(イ) 無関心層に対する場合

ひと口に無関心層といっても、未組織無関心層・組織内無関心層・敵対組織無関心層といろいろある。だがそのいずれを問わず、すべて無関心層の場合、これをひとつのオルグ技術で、一挙に組織化することは困難である。そこで一般には、まず好意獲得、次に改変という二段作戦をとる必要がある。好意化作戦の場合、戦術としては、文化オルグ・行動オルグを使用し、あわせて理屈抜きに連帯が強化することを狙う。それができたのち第二段の改変作戦にでる。この場合も理論オルグはさけ、感情オルグを使用する。ことに敵組織無関心層の場合、スケープ・ゴート法を用いて組織の内部批判意識を強化するのが効果的である。

(ロ) 関心層に対する場合

組織内で組織活動に関心を持つが、組織活動に進んで参加しようとしないひと、つまり関心を顕在化・公然化させないひとがいる。このひと達に対しての作戦は、公然化である。そのための戦術としては、まず行動オルグによって、行動する習慣を育成、次に、理論オルグを、大衆用理論オルグから正統派理論オルグの順に展開するのが効果的である。なぜなら、この種のタイプのひとは、とかく理論志向型のひとが多いからである。

未組織大衆のなかにも、もちろん関心層がいることがある。これに対しては、まずそのようなひとを発掘、ついで理論的補強を試みるのがよく、そのためには、街頭オルグで発掘につとめ、個人オルグで組織化に努める。その後行動オルグを行うと組織感覚が身につく。

(八) 組織内敵対者に対する場合

既に組織化したはずであるにもかかわらず、何等かの理由で、その組織活動路線に敵対するひとがいる場合がある。このようなひとがいることは、組織の統制をみだすばかりでなく、組織の内部から組織批判をおこし、組織の存在をあやうくする。したがって、ことのようなひとが組織内組織をつくり、その組織を拡大せぬよう、早期発見につとめ、発見すれば排除するか、それが何等の理由で困難な場合、組織批判拡大の動きを封殺しなければならない。まず早期発見のためには、グループ・オルグを活用、これで排除にも役立てる。封殺のためには、組織大衆の前で、理論闘争オルグによって、徹底的に相手の理論を叩きのめすことが必要である。その際大衆はオルグのハンド・クラッパーの役割をする。

㈡　**中立組織大衆に対する場合**

この場合は第一段作戦として、中立組織無関心層の好意化をはかり、そのため文化オルグ・行動オルグを実施、それがかなり進んだところで、組織幹部と当初個人オルグ、ついでグループ・オルグで、上位共通目標の設定による意見の一致につとめる。そうすれば無関心大衆を好意化しているので一致も早く、組織ごとオルグが可能となる。

㈭　**敵対組織に対する場合**

この場合は無関心層を好意化する行動オルグ・文化オルグから始め、組織批判のための感情オルグで、組織中枢部を孤立化させたり、攪乱するが、詳細は後述する。

(9)　戦略決定の要因

オルグ作戦においては、作戦目的達成という見地から、以上のようなオルグ技術のうち、戦略的見地から若干を戦術として選択することで、作戦計画を策定することになる。この場合、戦略を決定するには、次の戦略要因を参考にする必要がある。

戦国時代わが国の有名な武将が愛読し、毛沢東も人民戦争の理論を構築するにあたって参考にしたといわれる中国最古の兵書に、「孫子」がある。この孫子には、「敵を知り己を知らば百戦あやふからず」という有名な句がある。オルグの場合、戦略の選択にあたっても、この点は、大いに参考にしなければならない。つまり、オルグが属する大衆組織の状況を、オルグが対象とする大衆（それが大衆のなかのグループの場合も、あるいは個人の場合も、以後大衆という言葉で表現することにする）のおかれている状況、特にその大衆が他の敵対・対立組織とか類似・協力組織に組織化されている場合は、その組織の状況について、詳しい情報知識を持っている必要がある。

では、それらの状況について、情報知識を持たねばならぬとして、その状況の内容は何んであろうか。この場合参考となるのは、艦砲射撃の仕方である。艦砲射撃の場合、自艦も走っていれば、相手の艦も走行している。しかも共に必要となれば、舵を切って方向を変える。このことは、オルグの場合も同様である。オルグ活動はオルグが属する大衆組織の拡大・強化・活性化のためである。だがこのオルグが拡大・強化・活性化しようとしている大衆組織は、絶えず発展変化している。一方、オルグの対象とする大衆のおかれている状況も、また絶えず変化している。ましてその大衆が敵対組織に組織化されている場合、その大衆組織も、オルグが発展させようとしている組織同様、発展変化している。オルグは発展変化している組織発展のため、同様に変化している大衆に対しオルグ技術を行使、オルグをかけるのである。そうなると、艦砲射撃の場合と大変類似しているということになる。

艦砲射撃の場合は、照準には射撃諸元といって、必ず参考にしなければならぬ要因がある。

その要因のうち主要なものは、
① 自針・自速
② 風向・風力
③ 的針・的速
他に地球の自転の影響等である。

今これをオルグの場合の彼我の状況に類推適用すると、次のようになる。
① 自針・自速
オルグが属する大衆組織の発展状況と組織発展の方向（路線）
② 風向・風力
社会的情勢
③ 的針・的速
オルグ対象のおかれている状況や組織の発展状況やその方向（路線）

⑽　大衆運動の発展段階

オルグ作戦の戦略選択にあたって考慮しなければならぬ重要な要因は、未組織大衆をオルグする場合を別とすれば、以上で明らかなように、オルグならびにオルグ対象の背後にあるそれぞれの大衆組織の発展状況であり、またそれをとりまく社会的状況である。ではここにいう大衆組織の発展状況とは何か、それを更に明確化しておくことにしよう。

もともと大衆組織は、後にどのように強大な大衆組織に発展したものであろうと、その当初、つまり大衆組織が発足する段階では、突然数多くの大衆があつまり、大衆組織をつくり出すというものでない。始めは未組織大衆のなかから、多くの場合、ただひとり、稀に気のあったひと達若干が、火つけ役となって発生する。

故に発生の当初は、これら火つけ役中心に中核グループの結成が急がれ、この時は同志を獲得し、獲得した同志の団結強化を中心に、これらのひとにより、ささやかなオルグ活動が展開されるのが普通である。したがって、この段階では、大衆を組織化しようという意欲に中核グループのすべてが燃えたとしても、果して組織化が進むかどうか、大衆組織としてこの社会に存在することができるかどうか、その生存可能性は、極めて不確定である。

これが幸いにして組織化が進み、ある程度の大衆を組織化して、大衆組織の体裁をととのえるまでに発展することができても、この段階では、まだ勢力が弱少で、果して今後発展するものやら、そのまま消滅するものやら、まだ極めてあいまいである。だがこの弱少勢力の段階では、大衆組織としてこの社会で、他の大衆組織と伍して、生存可能性の保証を一日も早く獲得することが、オルグとしての作戦目的の中心となる。もっともこの段階までは、大衆を組織化する目的によって、公然化すると粉砕されてしまうこともある。そのような場合は、秘密厳守で隠密行動に徹することができなければならぬ。

弱少勢力の時代を通過して、更に組織が拡大すると、たとえば組織粉砕を目的とする組織攻撃をかけられたにしても、反撃に転ずるだけの勢力が生れてくる。この時は組織の拡張期である。それというのも、組織の生存可能性は、まだ不安定であるものの一応保証され、公然と大衆を組織化する活動が、どんな組織でもできるからである。この拡張期には、未組織大衆はいうまでもなく、拡大を続けてきた今までの力を利用し、敵対組織のなかにまで、できるだけ数多くの秘密拠点をつくり、そこを基地に弱少勢力時代までのオルグ活動を秘密裡に進める必要がある。とりわけ、こうして敵組織の無関心層をまず好意化し、幹部批判のスケープ・ゴート法によるオルグを行い、敵組織の団結を攪乱、敵組織としては、その対応に奔走することで、甚しく疲労するようしむける必要がある。

最後は安定期で、組織の生存可能性が確実となり、組織すべき大衆の大半を組織化した時である。だが、この時期になると、組織維持に追われ、またその一方、組織化しなければならぬ大衆も減少するので、オルグ活動の必要が左程なくなり、かわって組織の管理能力が問われるようになる。そのため、形は大衆組織でも形骸化し管理社会に近づく。結果として無関心層の増加と組織の硬直化がおこるので、これを防ぐため、たえず大衆興奮をおこし活性化するオルグが必要となる。

⑾ 大衆組織と生存可能性

大衆組織のすべてが、必ずしも以上のようなパターンで発展すると限らない。なかにはひとりの火つけ役、それに数名のハンド・クラッパーで大衆集会を開き、大衆興奮をおこさせて一挙に大衆を組織化し、大衆組織をつくりあげたという例もある。だが多くの場合は、大衆組織の発展は以上のようなパターンをとると考えられ、その最後は社会制度に組み入れられ、大衆組織としての性格を著しく弱めることが多い。

大衆組織の以上のような発展経過をみると、大衆組織の発展とは、つまるところ大衆組織の生存可能性の程度の大小であるということができる。生存性可能性の大小は確率的に表示できるから、最低は零、最高は1、ということになる。生存可能性零とは、大衆組織が誕生しないで、また大衆が未組織の状態でいる場合である。生存可能性1とは、大衆組織が発展、制度化した時である。そう考えると、大衆組織の発展状況とは、生存可能性零から1までの間の、どこかの点で、表示できることになる。

ところで、この生存可能性は極めて相対的なもので、組織化べすき大衆はまだ極めて数多く未組織で放置されているにもかかわらず、最下位の段階では組織化できる大衆を、一定の範囲ですべて組織化してしまうと、その最下位の大衆組織の生存可能性のみ1となるようなことがおこる。民間企業の一企業ひとつの単一企業別労働組合組織などは、その例である。だが最下位の組織である単組はそのような状態であるのに、労働者大衆を組織化するということになると、民間中小零細企業だけでも、未組織のまま放置されている労働者が、まだ一、五〇〇万前後おり、到底生存可能性1というわけにゆかない。だがそれにもかかわらず労働組合は、今日制度化され、主義主張の違いによる組織対立を別として、その生存可能性が保証されている。組織すべき大衆の殆んどを組織化し、また制度となって、名実共に生存可能性1に近いのは、今日農協ぐらいなものである。

オルグの戦略選択の場合、オルグとオルグ対象の背景にある大衆組織の状況を考慮せよというのは、背後組織の生存可能性の程度を考慮せよというわけである。オルグの背後にある大衆組織の生存可能性が小であるのに対し、オルグ対象の背後の大衆組織の生存可能性が大であるとか、またその反対であるとか、共に生存可能性が同程度であるとか、それらのことを考慮して、オルグ作戦に使用する戦略を選定せよというわけである。

だがこの場合、ここにいう生存可能性の程度は絶対的なものでなく、前述したような理由で極めて相対的なものである。したがってオルグ対象の背後にある大衆組織の生存可能性が小だからといって、戦略を選定した時、相手の組織が上部の組織に加盟することで、生存可能性が急に大となることもある。

(12) 戦略選定の方法

以上で大衆組織の戦略の選定には、オルグとオルグ対象との双方の背後組織の生存可能性を考えればよい、ということが明らかになった。そこで、これら生存可能性を考慮に入れて、戦略を選定するにはどうすればよいか、その主要な例を示しておこう。

(イ) 小が大を喰う場合

オルグの背後組織の生存可能性小であるのに、オルグ対象の背後組織の生存可能性が大である場合、つまり小が大を喰おうとする場合、どのようなオルグ戦略を選べばよいか、この場合、まず二つの手がある。ひとつは他の大きな組織と結託、その傘下に入って、自分の組織の生存可能性を大とする。今ひとつは、他の小さな組織を説得糾合して、あたかも野党連合が組まれるように、これら弱小組織の連合が、大きな組織となるにようにする。このような操作をした上、次のオルグ戦略をとる。

(a) 孤立化戦略

相手組織の指導部を孤立化させることにより、孤立化した指導部内部に、相互不信を生じ、内部崩壊を狙うもので、そのためには、相手組織の周辺部を形成する無関心層に対し、これを好意化させるためのオルグをかけ、それがある程度成功するや、幹部批判がその好意化した大衆から噴出するようオルグする戦術をとるという手法である。時にその結果組織が分裂することもあるので、分断戦略とも呼ばれる。極端な場合、好意化した大衆に欺瞞を用いたり、現実利益を与える約束すら行うこともある。

(b) 攪乱戦略

相手組織の各所に隠密裡に拠点をつくり、同志になりそうな人を物色接近、好意化・連帯感を強化、その輪の拡大につとめる。殊に活動家に対しては興味を組織活動外に持たせるようにし、無関心化をはかり、それを合理化するため幹部批判の噂を流す。

(c) 待伏せ戦略

相手組織に内報者をつくり、相手組織の恥部をバクロ、内部告発させ、リーダーシップの弱体化をはかり、再建の気運をたかまらせる。相手組織幹部が失点を稼ぐまで、気長に待つというのが、この戦略の特徴である。

(ロ) **大が小を喰う場合**

オルグの背後組織の生存可能性が大で、オルグ対象の背後の生存可能性小の場合。

(a) 疲労戦略

入れかわり立ちかわり、三人一組で相手ひとりに対し、個人オルグを個別に行う。数が多いので、組織大衆総がかりでオルグとなることで、オルグする側は絶えず交替できつかれないし、また組織も引き締り活性化する。三人一組は攻撃三倍の原則にもとづく。相手の疲労を待ち、勧誘する。

(b) 威嚇戦略

絶えず相手を威嚇するような行動オルグを行い、相手に組織からの脱出をはからせる。

(ハ)　**対等の場合**

この場合は、オルグ合戦となる。

第三章　オルグに必要な心理知識とその利用

(1)　オルグと行動変容

オルグ活動の効果をあげるには、オルグされる側の心理について、科学的な知識を持ち、その知識を活用することである。オルグされるということが、人間の行動としてどういうことを意味するのか、それを今一度客観的にながめて見よう。

今オルグされたひとの行動をみると、そのひとの行動は、オルグされる前と確かにかわっている。その変化がみられぬ限り、オルグしても、オルグに成功したとはいえない。

まずそのひと達がオルグされる以前の行動を見ると、それは大別して次の四通りである。

① 何等かの組織に組織化されることなく、未組織のままで生活していた。

② オルグの進める大衆組織に組織化されていたが、何等かの理由で組織活動に関心を失っていた。

③ オルグのすすめる組織に組織化されていて、組織活動に関心があるが、その関心を行動

にあらわし、各種組織活動に積極的に参加する気がしなかった。

④　オルグのすすめる大衆組織と、主義主張その他の点で、対立あるいは敵対関係にある組織に組織化されていた。

以上のような行動パターンをとっていたひとが、オルグされたことにより、今までの行動パターンを捨てて分離し、

ⓐ　オルグがすすめる組織の一員として参加し、組織化され、その組織活動に加わるようになった。

ⓑ　組織活動に関心を持ったり、積極的に組織活動に参加するようになった。

という行動と結合し、つまり行動パターンを変化させてしまっている。

つまりオルグされることによって、オルグの対象となったひとは、以前の行動と異った行動をとるようになったのである。

今このように人間が、それまでとっていた行動を捨て、新しい行動と結合するようになることを、社会心理学では行動変容と呼ぶ。そこで、オルグ活動とは、何等かのコミュニケーションにより、オルグ対象に行動変容させることだということができる。

(2) オルグと心の闘争

ところで人間は、今までの行動を続けることに、何か悩みを持っている場合には、行動変容をし易い。また今日の心理学では、このような時の行動変容を援助する技術を発達させてきている。カウンセリングなどはその例である。

だが世のなかには、今までの行動をとり続けることで、悩みなど一向感じていないひともいる。それどころか、今までの行動に慣れてしまい、その行動を捨て、慣れぬ行動にかわる必要も感じない上、そんな慣れぬ行動をすることは不安でもあり、行動をかえることに著しい抵抗を感じるひともいる。オルグが対象としなければならぬひとは、いつもこのような行動変容に抵抗するひと達なのである。

加えて敵対組織等に既に組織化されているひと等の場合、そのひとが例え、今まで組織に対して無関心なひとでも、いざその組織を捨てて、敵視している組織に組織化される行動に変容することは、かつての仲間に対する裏切りである。裏切りは今日罪悪視される。したがって、オルグされて今までの敵の組織に加わる行動に変容することは、罪悪感まで伴うことになるので、激しく抵抗するのが当然である。

つまりオルグの伝えることに抵抗する心理、反抗する心理、それがオルグされる時の心理である。

そこでオルグとは、このオルグされる側のもつ抵抗・反抗の心理と闘い、それに何等かの方法で打ち勝ち、オルグされる側に行動変容をおこさせる必要がある。

すでに前章で、オルグはオルグされるひとの背後にある大衆組織との闘争であるということを述べた。これは敵対組織に組織化されているひとをオルグする時、主として通用する考え方である。そのようなひとをオルグする時はもちろん、そうでないひとをオルグする場合も、オルグはオルグされる側との心の闘いであり、この闘いに勝つ作戦を実施すること、それがオルグの技術だといえる。

(3)　行動変容の原則

では人間はどんな心理の時、行動変客をおこすのであろうか、今その心的メカニズムを考えよう。

今日、社会心理学で有力な学説となっているものに、交換理論と呼ばれるものがある。

この交換理論から考えると、ひとは常にコストを最少化し、報酬を最大化するものと結合したがる傾向があるという。結合はまた今までそのひとが結合していたものからの分離であるが、それは結合の反対であるから、報酬が最少化し、コストが最大化するおそれのあるものから分離するということになる。これはゲームの理論と呼ばれる数学モデルがいう最適性に近い。もっともこの原則には、例外もあって、ひとには時とすると、この原則からはずれ、報酬最少化コスト最大化と思われるような行動とも結合することがある。電車が接近しているのに、線路にホームからおちた子を、飛びおりて救いあげる等という行動がそれで、援助行動とか愛他行動とかいって、自己犠牲をも顧みない行動がそれである。

さて以上の交換理論から行動変容を考えてみよう。人間が行動変容をするのは、今までの行動では、とかくコストが最大化し報酬が最少化する傾向にあるとわかり、その行動から分離し、それよりもコスト最少化で報酬が最大化しそうな行動があると気づいたので、その行動と結合、行動変容がおこるのである。

前述悩みがあると、カウンセリングで行動変容が生じ易いのは、そのひとが今までとっていた行動では、心の悩みという高いコストを払っているのに、その行動から受ける報酬が少い。つまり、コスト最大化報酬最少化の傾向がある。これが、カウンセリングにより、自らそれに気づき、その行動から分離、カウンセラーの援助によって、今度はコスト最少化報酬最大化の傾向があると、本人自身が思い込む新しい行動に、変化したのだと考えることができる。オルグされる場合もまた同様である。

(4)　行動変容とイメージ

今ひとつ行動変容の心理と、重要な関連を持つ心理学的知見がある。それは人間行動生起の心理である。今日、人間の行動は、心に何等かの刺激を受け、その刺激に対する反応と考えられている。これを刺激反応理論という。

この理論からすれば、人間が行動変容を生ずるには、そのひとの心に、今までの行動を捨て、新しい行動に出るという反応を生ずるような刺激を与えさえすれば、行動変容がおこるということになる。だが、そう人間の心は単純なものでない。

それは人間が心に刺激を受けても、その刺激に対する直接の反応として行動をおこすのでなく、もっと複雑な過程がその間にあるからである。まず刺激を受けるには、人間の場合、それを知覚といって、見たり聞いたり嗅いだりふれたりして受けとらねばならぬ。人間は知覚すると、この知覚した刺激に対して、何等かの意味づけをする。これを一般にイメージと呼ぶ。その意味づけしたことに、自己刺激といって、自分自身が刺激される。この自己刺激が直接の手がかりとなって反応が生れ、それが行動としてあらわれる。これは仮説であるが、それにしてもこの仮説によると、直接の刺激は、その刺激に対する反応としての行動からみると、間接の手がかりにしか過ぎないことになる。それよりも行動生起に強い影響を与えたものは、その刺激を知覚したことに対して、そのひとがえがいたイメージである。同じ刺激でも、異ったイメージをえがくと、異った自己刺激が生れ、異った行動が生起することになる。

ここに行動変容が生ずるのは、刺激そのものより、その刺激を知覚したひとが、その刺激についてえがくイメージによるということができる。このイメージは、その刺激を受けとったひとの認知構造といって、ものの見方・考え方によって定まると考えられる。

さてそうであれば、前節で述べた交換理論と、このイメージとをミックスさせ、行動変容について、次のようなことがいえる。それはコスト最大化、報酬最少化からひとが分離するといっても、それは現実にそうであるというのでなく、イメージとして、今までの行動が、コスト最大化報酬最少化だと思ったからだということになる。

(5) 行動変容と動機づけ理論

行動変容に関しては最後にもうひとつ動機づけ理論と呼ばれる心理学の通説がある。

前節で人間の行動は刺激に対する反応として生起するといったが、動機づけ理論では、この刺激を更に、動因刺激と誘因刺激の二種にわける。人間の心に動因・誘因この二種の刺激が統合して加わった時、これを動機づけと呼び、この動機づけで行動が生起すると考える。

まず動因刺激が心に作用すると、反応として欲求が生れる。欲求が生れると心に緊張が発生、心のバランスが崩れる。心のバランスが崩れると、常にコンスタントの状態を保持しようとするホメオスタシス原理と呼ばれるものが作用して、緊張を解消しようとする。緊張を解消するには、欲求を満足させることが必要なので、ひとは欲求満足を求める。そうなると心にいくつかの目標が浮び、そのうちひとつの目標が特定されると、ひとはこの目標に到達しようとする反応をおこす、これが行動である。この場合、直接行動を誘い出す目標が、前述の誘因刺激である。こうして目標に到達すると、欲求は満足し、心の緊張は解消、その時点で行動が終る。

以上が動機づけの理論にもとづく、行動生起のメカニズムの説明である。この動機づけ理論によれば、行動生起には、動因刺激である欲求と誘因刺激である目標が、重要な役割を果すことになる。もっとも前述の交換理論とイメージ理論をこれに応用すると、目標を選択、特定目標を決定する場合にも、コスト最少化報酬最大化の原則が働く。その結果、数ある目標のうち、一番コストが最少化し報酬が最大化するイメージを与えるような目標を選択することになる。

反対にコスト最大化報酬最少化となるようなイメージを本人が抱く目標から遠ざかろうとし、分離すると考えられる。

またそのようなイメージを抱かせる目標があれば、逆にその目標に到達しようとする欲求がおこり、目標が刺激となる。この場合、目標に魅力があるという。したがって今までの行動より、目標として魅力的なイメージを与えるものが示されると、今までの目標到達の行動から新しい行動にかわるといえる。

(6) オルグの基本公式

以上行動変容と関連のある行動に関する三つの心理学の学説を紹介した。この学説を土台にすると、オルグされる側の行動変容に対する抵抗との闘争において、オルグがこの抵抗を排除し、オルグされる側に行動変容を生じさせるための基本公式というものが考えられる。それはおよそ、次のようなものである。

(イ) 第一公式

まず従来の行動パターンを変えることに対する抵抗や反抗あるいは罪悪感を打破するため、その行動から分離しないではいられない気持をおこさせる。

そのためには、従来の行動をつづけている限り、ますますコストが高くつく一方、報酬が減少すると思わせる。その方法として、現在の生き方に、不平不満・不安・葛藤・苦悩・生活苦・罪悪感を売り込み、植えつける。つまりそのままでは地獄であるとか、地獄に落ちるというイメージを鮮明に印象づけたり、あるいは論理性をもって説明する。

(ロ) **第二公式**

新しい行動を提示、それと結合することが、コスト最少報酬最大化につながるというイメージを強烈に植えつけ、あるいは論理的に説明する。

ただしこの場合、新しい行動をとること、つまり組織化されることによって生ずる本人の報酬を二種類にわけ提示する。

(a) 理想あるいは空想の社会をえがき、それに到達することで、本人が獲得する精神的・物質的利益

(b) それを獲得する一番手近かな手段としての現実的報酬

早くいえば、第二公式は第一公式の地獄篇に対し、極楽篇とそれに到達する手段を、その論理性は無視し、一番手近かな方法であるかのように説明する。

ただしここでの現実利益は、第一公式で植えつけ売り込んだ不平不満・不安・葛藤・苦悩・

生活苦・罪悪感などの解消である。またそれは新しい行動に結合することで獲得する新しい利益である。

(7) オルグの基本公式—つづき—

だが第一公式・第二公式のみでは、行動変容し、組織化されることに魅力を感じても、抵抗感をぬぐい切れず、ためらうひともでてくる。そこでこの抵抗感を抹殺するものとして、次の公式が考えられる。

(イ) 第三公式

行動変容して、今までの行動から分離・組織化され、組織活動をするという新行動にでるようになったことが、人間として正しいことであり、それをせず従来の行動パターンに固執していることは、人間として悪であること、殊にそれは自己利益の追求に過ぎないことを強調・正当化する説明を加える。これは心理学上合理化と呼ばれる心の働きの利用である。

だが、第三公式を使用しても、新行動に出るため、旧行動を捨てることが、自己自身あるいは今までの仲間その他まわりのひとに対する裏切りであると思ったり、裏切りとみられるのではないかとのまなざし効果を気にし、罪悪感を抱いたのでは、行動変容が生じない。この罪悪感を抹殺するには、罪悪感を補償しうるだけの高い道徳的価値を行動変容に付着させる必要がある。そのため、第三公式でも行動変容をためらうひとに対し、次の公式を用いる。

(ロ) 第四公式

従来の行動パターンを捨て、新行動パターンに出ることは、その実、本人自身にとって、コスト最大化報酬最少化の自己犠牲となる可能性もある。だが自分以外の他のひとの利益のため、あえて自己犠牲を選択愛他的行動に出ることにして、新行動をとることになったと理由づけて説明する。

しかもこの第四公式は、行動変容にそれほど罪悪感を感じていないひとにも使用する必要がある。何故なら、オルグにオルグされ行動変容したにもかかわらず、オルグが第二公式で告げた現実利益が報酬として与えられないことに対し、行動変容後不満を抱くひとがでてくるからである。これではオルグがだましたことになる。それを防ぐためにも現実利益を約束しながら、これと矛盾した自己犠牲を強調しておくと、行動変容が自己犠牲の愛他行動だと思うことにより、不満が解消する。

(8) 基本公式使用上の注意

以上はオルグの基本公式であるが、実際にオルグする場合、この基本公式のみを使用して、単に理屈をならべ、理論的に内容を相手に伝えるだけではオルグされる側に理解できないことも多いし、また、にわかに信じ難いと感ずるひとも出てくる。そのため、実際のオルグの場合には、以上の基本公式に理解し易く、信じ易くなるような肉付をしなくてはならない。

そのための方法としては、次の方法がある。

(イ) 理解を容易にする方法

比喩や例をできるだけ数多く使用する。もちろん実際におこったことがない例であってよい。また必要とあれば、あるひとから聞いた話として、オルグが適切な例をつくればよい。いうならば、そのような例は、文学におけるフィクション（虚構）であり、フィクションによって文学は表現内容をより豊かにかつ真実に接近させる。そのことを考えると、オルグが例話をつくることも文学上の手法であるフィクションの利用である。

(ロ) 信頼させる方法

これには証言利用といって、誰もが尊敬しているひとの言葉を借りるとか、よく知られている格言・諺あるいはそれに近い人生訓・処世訓等を数多く引用する。

またそのほか身近な実例をあげることも信頼をうる早道である。

なお、オルグの基本公式として、第一公式から第四公式へと順に列挙したが、オルグする場合、この順に相手に伝える話の構成をする必要はない。話の内容、相手に与える衝撃力等を考慮して、その順序は、その都度適宜変更することが望ましい。ただ問題はクライマックスをどこにおくか、始めにおくか、後におくか、その点を考慮することである。衝撃力を強めるにはクライマックスを最初におく。じゅんじゅんと説くような場合、クライマックスを最後におくと効果があがる。

またオルグされる側から反論されることもあるので、予想される反論については、それを話のなかに挿入・反駁しておくのがよい。もし思いがけない反論が出た場合は、反論を反駁する方法を知っていればよい。その方法については、理論闘争の仕方の章で詳述する。

(9)　認知不協和の原則

以上の基本公式は理論を用いて行動変容をさせるためのもので、オルグとしては、理論オルグ・感情オルグ等にとり組む際使用するオルグ技術の基礎となるものである。だがオルグの場合、理論的にオルグしても、オルグできるとは限らない。理論等受けつけないオルグ対象もある。未組織・組織内・敵対組織の無関心層など、その好例である。そこでこれらのひとをオルグするには、どうするか、その方法を話す前、今ひとつ社会心理学の有力な学説を紹介したい。

その学説とは、認知不協和の原則と呼ばれるものである。認知とは心理学の学術用語で、ものの見方・考え方という程度の意味である。人間の心には、前述のホメオステシス原理が働いて、常に心のバランスを保持していたい気持があり、この原理が働いているため、心のバランスが崩れると、自動的に元のバランスのとれた状態にもどる。

さて人間はものの見方・考え方つまり認知と現実に自分がとっている行動とが一致していると、心はバランスがとれた状態にある。だが、現実の行動がそのひとの認知と一致しなくなった時、つまり認知不協和が生ずると心のバランスが崩れる。その場合前述のホメオステシス原理が働いて、心のバランスを回復しようとし、認知と行動とを一致、つまり協和させようとする。

この場合、認知に協和するよう行動をかえればよいようなものであるが、必ずしもそうでない。既にしてしまった行動を今更、変容するわけにゆかない。また行動に関心や興味を持ち、再度その行動を反復持続したい感情がある場合、この感情が優先、行動をかえることに抵抗感を持つ。この場合は行動と認知とを協和させるため、行動をかえずに認知の方をかえ、行動と協和させる傾向があるというのが、ここにいう認知不協和の原則である。

この認知不協和の原則という学説は、従来の考え方にもとづく行動変容の生じさせ方に大きな衝撃を与えた。従来の観念的な考え方からすれば、行動変容をさせるには、まず考え方をかえさえすれば、それにもとづいて行動が変容するという考え方が根底にあった。前述の理論を用いてオルグする場合の基本公式も、この考え方にもとづくものだった。だが認知不協和の原則は、その否定である。

⑽　認知不協和と文化・行動オルグ

従来の観念的な考え方が正しいか、認知不協和説が正しいか、おそらく場合場合に応じて、両者の説が妥当したりしなかったりするであろう。今この認知不協和の原則を利用すると、前述のような理論を主体とするコミュニケーションにより行動を、変容させることが、極めて困難なひと達を相手にオルグする場合、大変好都合な方法が考えられる。

その方法とは、無関心層が自発的に好んで参加する行動を反復持続的に行うことである。そうすれば、無関心層といえども、この行動に参加し、参加を持続させると、もしこの行動に参加することに罪悪感その他不協和を感ずるものの見方・考え方をしていたとしても、そのことから生ずる心のバランスの崩れを回復しようとし、認知不協和の原則が働いて、ものの見方・考え方まで、この行動と一致させるようになる。こうして心が変化し、行動変容が生れるというわけである。

今これを利用するのが、文化オルグ・行動オルグである。無関心層も文化オルグ・行動オルグと同じ行動を反復持続していると、無関心でなくなる。敵対組織に組織化されている無関心層の場合、それ程理論的知識があるわけでないから、文化オルグ・行動オルグの考え方・見方に次第に近づいてくる。こうして、やがて、オルグが抱く考え方を取り入れ、それを自分の考え方とするようになるというわけである。

もっとも、オルグ対象の考え方をかえるには、オルグとオルグ対象とが、単に同一行動をとるだけでは充分でない。オルグ対象が今まで抱いていたものの見方・考え方をかえ、それをオルグのもつものの見方・考え方に接近させなければ、オルグとしての役割を果したことにならぬ。

だがそれであるからといって、オルグが早急に理論を持ち出しオルグしようとすれば、オルグ対象に逃げられる。相手がオルグされていると気づかぬようにしながら、オルグする必要がある。

そのためには、オルグはあらかじめ、大衆組織としてのシンボルを用意し、行動オルグの際、相手にもそのシンボルを共有したい気持にさせることである。シンボルを持つと、ひとはそのシンボルの意味づけを求めたがる。共有しているシンボルの意味を知ろうとすることで、相手は気づかず理論を学習する。

(11) 文化オルグ・行動オルグの理論的基礎

だが文化オルグ・行動オルグの場合、それに参加した無関心層がオルグの信奉する主義主張の理論をとり入れるため、理論の学習をするまでに至らなくても効果があがる。それは認知不協和の原則を発展させれば、容易に理解できる。

たとえオルグの対象者が、認知を意識して変えようとする気持にならなくても、共に同一の行動を度々とっていると、気持に共通する部分ができ同質化する。同質化は連帯感の初歩的段階である。同質のもので、自分以外のものが傷つけられると、自我がそのひとまで拡大しているので、自分まで心に傷を負う。同質化が連帯感の初歩的段階だといわれる所以はこれである。

この同質化は、オルグされるひとに、オルグに対する好意を呼びおこす、つまり文化オルグ・行動オルグでは、オルグ対象がオルグに好意をよせることになる。人間は自分が好感を寄せているひとのいうことを、できる限り聞き入れようとする。聞き入れないと、好意をよせている気持と、聞くことを拒否する行動とでは、認知不協和が生ずるからである。反対に知らないひと、敵意を感じているひとの話は、聞きたくないし、聞いても聞いたことを拒否したくなり、受け入れにくくなる。

ここが大切なところで、たとえ敵対する主義主張の方に傾斜しているひとであろうと、反対の主義主張の話でも、好意を寄せているひとの話なら聞く気持になる。この場合、自分が既に馴れ親しんでいる主義主張と反対の主義主張との類似点・一致点を探し出すことで、できるだけ不協和を柔らげようとし、こうして少しづつ、反対の主義主張まで取り入れるようになる。

そうであるとすると、どんな無関心層であろうと、オルグと共に行動し、オルグに対して好意を感ずるようになると、いずれ考え方がかわるのであるから、このオルグでは、オルグ対象から好意化を獲得すること、それを当面の課題とすればよい。

もちろんオルグ対象からの好意化をかちとる程度ということになれば、文化オルグは行動オルグの比でない。行動オルグの方が、遙かにまさっているといえる。だが行動オルグの場合、体力が弱くなっている中高年層に、必ずしもむかないという欠点がある。

⑿　生存可能性と勝連合理論

最後にオルグが大衆組織発展の手段であるというオルグの本質に立つ時、是非知っておいてもらわねばならぬ知識がある。それは社会心理学上、生存可能性の理論と勝連合モデルと呼ばれるものがある。これを知ることによって、オルグ技術を駆使する作戦・戦略の策定ができ、大衆組織を発展させる上で効率のよい、つまり労力を浪費することが少いオルグ活動が展開できる。

生存可能性の理論とは、およそ組織が他の組織と敵対・競争関係のなかで生存できる可能性について考えるものである。これには三つのタイプがある。ひとつは保証のない生存可能性で、これは極めて弱少勢力の場合で、何時粉砕されるかわからず、粉砕されても当然といった状態で、たまたま他から粉砕されないので、生存していることができるという状態である。つまり生存可能性の確率は零に近い。このような保証のない生存可能性の組織が生存を可能にするには、他の同様の状態にある組織と結託の交渉をして、その勢力を大にする勝連合をつくるか、あるいはより勢力があるものの、それ程生存可能性の強くない他の組織と結託の交渉をして勝連合をつくり、それによっていずれの組織も、単独で対抗できない強力組織と対抗できるだけの勢力をつくるか、最後は勢力の強大な組織の傘下に入り、その庇護を恩恵的に受けることができるようにするかのいずれかである。

これに対して、保証のある生存可能性というのがある。これは他の勢力の強力な組織がいずれもその勢力が均衡状態にある時で、そのいずれの組織とでも勝連合を組むと、その勝連合を組んだ方が、圧倒的に優勢となる。

この場合は、どの勢力の強大な組織も、この勢力の弱い組織と勝連合を組むことを望むので、生存可能性は保証されると共に、弱者の恐喝を行って、キャスティング・ボードが握れる。

最後に無条件生存可能性というのがあり、これは組織の勢力が強大で、どこの他の組織と結託しなくても、つまり勝連合を組まなくとも、単独で充分生存できる可能性をもっている場合である。このような組織に対しては、保証のない生存可能性の組織が、庇護を求めて、不利な条件を押しつけられても我慢して勝連合を求めてくることが多い。そのためますますその勢力が拡大する。

⒀　交渉の技術

この生存可能性と勝連合の理論からすると、オルグは大衆組織発展の最先端で、発展の原動力となっている以上、時に他の組織と結託の交渉をしなくてはならぬことも生じてくる。殊に組織ぐるみオルグする時などは、その組織の指導部と交渉、勝連合を組むことが早道である。このようにして、オルグも交渉の必要がある。そこで交渉の技術を紹介しておく。

交渉の場合、認知の仕方が異っていることがある。認識の相違というわけである。この場合は、双方共通の上位目標を設定すると、認識の差が縮少し、交渉が成立することが多い。つまり理想目標をかかげ、それに対する一致を促すわけである。

認識の相違がそのまま持続する場合は、相手に譲歩する気持をおこさせる。そのためには、交渉が長びけば長びく程、相手の損が増大する状況をつくり、これを相手に知らせる。相手側は損をさけようとして譲る気になることが多い。

なお相手が譲る気持をおこしそうな時、相手が本心どこまで譲る気があるのか、それを探る。ぎりぎりここまで譲ろうと考えている点を抵抗点という。この抵抗点に比較すれば、当初の相手の主張は、理想に近いことをいっているのである。故に当初相手の発言を聞くことは、このような発言をする限り、その抵抗点が何処にあるのか、推定する手がかりを得られる。

抵抗点が推定できれば、それを自分の主張近くまで移動させる。少くとも自分の心に抱く抵抗点まで移動させる。これが交渉技術である。その場合、相手の抵抗点と思われる点をズバリいうとか、相手が抵抗点を移動させることで損失が大きいと思っていることが、見込み違いであるということを知らせる。あるいはまた当初理想以上の吹きかけ要求をしておいて、大幅譲歩をしてみせ、それによって相手の譲歩を引き出す。

更に相手もこちらの抵抗点を推定しているので、その誤りを知らせるため、あらかじめ抵抗点を宣言するとか、これ以上譲ることは破滅となるので、最後通告だと主張する方法もある。極端な場合、同意しておいて後に破棄すれば、相手は一致したい場合譲歩する。

交渉では当初、利益が最大になることを狙い、不調となれば損失最少化を、更に最後に相手の損より自分の損を小にすることを狙って、目標を下げてゆくと成立し易い。

第四章　理論オルグと訴求力

(1)　理論オルグに関する第一の疑問

理論オルグとは、理論を道具に使用するオルグ技術を指す。この方法には、(イ)正当派理論オルグ、(ロ)大衆用理論オルグの二種がある。いずれも、大衆を組織し発展させることの必要性・必然性・正当性などを、論理的に明確化する理論を相手に伝え、相手がその理論を理解することを手がかりに相手を説得、オルグするやり方である。

ただし、この理論オルグに関しては、今日一般に通用している考え方およびやり方について、若干の疑問がある。この疑問に対する解決を含めたものが、ここでこれから説明する理論オルグのやり方である。故に理論オルグの技術の詳細を説明するに先立ち、現行の理論オルグに関する若干の疑問を、まず提示したい。

疑問の第一は、理論オルグ以外にも、理論オルグ以上に、容易にオルグの成果があがるオルグ技術がある。それにもかかわらず、今日オルグといえば、理論オルグを指す程、この理論オルグがオルグ技術のなかで、何故正当視されているのかということである。

オルグするには、オルグの対象となるひとの人間的弱味、たとえば飲む・打つ・買う等が好きであるということにつけ込み、これらをつかって相手を誘惑した揚句、抜きさしならぬ関係をつくってオルグする等という方法をとれば、オルグは容易である。

あるいはまた人間が心に悩みを生じた時、他人に援助を求めたがる心理を利用して、相手を矛盾・葛藤その他強い悩みを生ずるような情況にハメコミ、援助を求めたがる気持に対応して世話役活動を展開、相手に感謝の気持と強い依頼心を生じさせ、義理と人情の抜きさしできぬしがらみで迫り、相手をオルグするとすれば、これまた容易にオルグができる。

だがこれら容易にオルグできる方法は、決して正当派オルグのやり方とみなされない。それどころか、この弱味につけこむ方法は、フェアでなく極めて卑劣な汚いやり口として、殆んどの場合、社会的非難を蒙る。では何故オルグ効果があがる卑劣計画にもとづくオルグのやり方が非難され、他方、それ程効果があがるともみえない理論オルグが、正当派オルグとみなされるのであろうか。

(2) 理論的要請と実践的要請による組織化活動

卑劣計画によるオルグが、いかに効果のあるものであっても非難されるのは、それが人間の心の弱味につけこんだり、ひとを欺いたり、この社会で道徳的に悪とみなされていることを、敢て行うからである。このような道徳的悪業を重ねたオルグ方法をとられたのでは、多くの場合、どんなに肥大化した大衆組織でも、組織防衛がむづかしくなる。大抵の大衆組織は、そのような卑劣なオルグ活動による攻勢を受けないので、その組織の維持・拡大ができるのである。そのためもあって、以上のような卑劣計画にもとづくオルグを、それぞれの大衆組織は、互いに非難しあうことで、牽制し、組織防衛を行っている。

だが、そのような理由にまして、理論オルグが正当視される所以がある。それは大衆を組織化する活動と理論との関係にある。大衆を組織化する活動のなかには、マルクス主義にもとづいて、大衆を組織化する活動のように、あらかじめマルクス主義という絶対視される思想があり、大衆を組織化することは、その思想実践の一手段に過ぎない場合がある。この場合は、大衆を組織化する活動が、当然前提とされるので、その思想を構成する理論もまた大衆を組織化することに役立つよう、つまりその理論を理解さえすれば、そのひとは嫌でも組織化される活動に参加しようとする気になるよう、始めから理論がつくられている。それ故、このような思想にもとづき大衆の組織化をはかる場合は、オルグが理論的説明をし、それを相手が理解さえすれば、説得効果があがることが多い。

そのため理論オルグが、正当派オルグとみなされる。

だが大衆を組織化する活動は、そのすべてが、マルクス主義にもとづく場合のように始めに思想があり、その思想の実践的展開としてのみ進められるものでない。その反対に、社会情勢の中で現実的要請がまずおこり、その結果、いやでも大衆を組織化することに踏み切らざるを得なくなり、大衆を組織化する活動を展開し始めたというものもある。前述の大衆を組織化する活動が、理論的要請から発足したものであるのに対し、これは実践的要請から誕生した大衆を組織化する活動である。

(3) 実践的要請の組織化活動と理論オルグ

今日の社会を見回すと実践的要請にもとづいて大衆を組織化する活動の方が、遙かに数多く展開されている。だが、このような実践的要請にもとづき大衆を組織化する活動の場合、無思想・無理論かというと必ずしもそうでない。

これらの組織化活動の場合でも、活動を継続、大衆組織が発展するに伴って、独自の理論ないし思想が生れてくる。その理由は、既に組織されているひとびと相互の間の連帯を強化すると共に、その組織の発展を目ざす諸活動にとり組むひとびとに、勇気づけと展望を与えるため、それらの活動の正当性・成功の必然性や展望性を明らかにする理論が必要となるからである。

ではこの理論が形成されるようになると、どうなるであろうか。多くの場合、この理論を使用して、オルグ活動を進めようとするようになり、ここに実践的要請から生まれた大衆組織化活動の場合にも、理論オルグが展開されるようになる。この場合、ともすれば、大衆を組織化する活動が実践的要請から誕生したものであることを失念し、恰もその活動が理論的要請から生れたものであるかのよう誤解する例も、多々みられる。

そのような事態が生ずる理由のひとつは、今日のわが国において、理論的要請から、理論の実践として展開される大衆組織化活動が極めて活発で、ひと目につき易いからである。そのため大衆を組織化する活動は、すべて何等かの思想ないし理論が、その活動の展開に先立ち、先行して存在している必要があり、組織化活動は、その実践に過ぎないと考える考えが紋切り型となり、定着してしまったからである。そのため、実践的要請から生れた大衆組織化の活動を展開する場合にも、その展開にとり組むひと達の多くは、その活動の前提として、何等かの形而上学的、あるいは神学的思想を望み、それらがまだ構築されておらず、単に実践的要請からのみ活動が展開されている時、これを無思想・無理論な運動として軽蔑すらする傾向が強い。

さて、このように見てくると、実践的要請から生れた大衆を組織化する活動の場合でも、理論的要請の実践としての大衆組織化活動の場合同様、オルグには、理論が必要な道具、欠落できないものと思いこむ。こうして理論オルグが、正当視されるのである。

(4) 理論オルグに関する第二の疑問

理論オルグに対する第二の疑問は、今日のような理論的説明の仕方で、大衆が果して説得できるだろうかということである。理論的な話を相手に伝え、それによって受け手を説得することを社会心理学では、説得的コミュニケーションと呼んでいる。この説得的コミュニケーションに関しては、どうすれば効果があがるかというテーマを中心に、かなりの実験室的実験による研究が行われている。だがその結果は、話のクライマックスをどこにおくかとか、結論を正当化するための情報は、どの順序でならべるのが効果があがり易いか等という主として情報提示の順序による効果の違いが、わかりかけてきた程度で、まだ決定的に説得に貢献するような要因は見出されていない。これが説得的コミュニケーションについての科学的現実である。

だがオルグの場合は、オルグが講義・講演の聴講、仲間同士の討論、読書等によって、理論に関してそのひとなりの理解をすると、オルグ自身が理解した通りのことを大衆に伝える。そうすると、受け手大衆もまた同様の理解に達すると考えているのでないかと思われる節がある。その証拠は、理論オルグ養成の仕方をみれば明らかである。この養成のための教育では、オルグの際、相手に伝達しなければならぬ各種の理論に関する講義を聴講、あるいは獲得した知識を材料に討論するなどという方法がよくとられている。だが獲得した理論的知識を、受け手にどう伝えるか等という方法に関しての学習はほとんどしない。このことは、理論を用いて説得的コミュニケーションの効果をあげるにはどうすればよいかに関して、ほとんど関心が払われていないことを示している。

既に述べたように科学の力を借りて、説得的コミュニケーションの仕方を研究しても、まだ決め手がつかめない程、説得的コミュニケーションの効果をあげることがむづかしい。それにもかかわらず、説得的コミュニケーションに関し、経験上獲得したやり方すら教えないで、理論オルグをやらせたところで、説得効果など期待できるものでない。いくらオルグが、自分が理解できたからといって、自分が理解した通りの理論的知識を受け手に伝えても、受け手もまた同様に理解すると限らない。

(5) 理論オルグに関する第三の疑問

理論オルグに関する第三の疑問は、理論により説得ができたとして、果して説得されたひとが理解した理論にもとづく行動に出るものだろうか、ということである。理論が理解でき、その理論を受け入れるひとがいれば、そのひとは、その受け入れた理論通りの行動をするという考えには、人間の行動の基本が理性であるという極めて観念的な大陸合理論と呼ばれるデカルト以来の哲学の影響がある。

だが、今日人間の行動に関する経験科学的研究が進んでくると、人間はデカルト以来の観念論哲学が、勝手に空想したようなものでない。人間の行動は、それ程理性によって全面支配されているものでない。そのことが各種の事実にもとづいて、次第に明らかになってきた。いやそれどころか、人間の行動生起に強い影響を与えるものは、理性よりも感性、心理学的にいえば、喜怒哀楽の働きを示す情緒であることが判明してきた。極端にいうと、人間が自分ではどのように理性のみを働かして決定しようとする場合でさえ、本人自身も気づかぬうちに、情緒の働きの入り込むことが明らかになったのである。

つまり、行動の生起に対して強い影響力を発揮するものは、理性であるよりも情緒なのである。行動生起のエネルギー源であると考えられる欲求は、そのほとんどが情緒である。

このようなことがわかってくると、いかに人間は理性を働かすという特徴を持っていても、すべての行動が理性の働きによるものでないこと明らかである。ここに理性で理解しても、その理解した通りの行動にひとがでることができない現象が生ずる。いやそれどころか、理性の働きで情緒の働きを抑圧すれば、情緒のこの抑圧に対する反発力が強化され、かえって理性で禁ずる行動にまで我知らず出てしまうことになる。

このように考えてくると、理論を伝えて受け手に理論を理解させ説得できても、説得されたひとが説得通りの行動に出ると限らないといえる。知っていることと行動することとは、人間にとって別次元のことなのである。説得の効果がないのもそのためで、それを思うと、果して理論オルグで説得しても効果があがるかどうか疑問となる。

(6) 説得と理論闘争

以上に加えて、今日大衆を組織化し大衆組織を発展させようと活動しているひと達の間で、説得について、大変な誤解があることが指摘できる。本来説得とは、反対の意見を持っているひとが、反対の意見を捨てて、伝え手の伝える意見に承服、その承服した意見を自分の意見とし、その意見通り行動するようになることを指す。タバコを吸うひとに、タバコを吸わないよう説得したというのは、伝え手の話を聞き入れ、喫煙家が喫煙行動を止め、禁煙することである。タバコの害はわかったが、喫煙行動は続けるというのでは説得といえない。

だが、大衆を組織化し発展させるための活動を続けているひとびとの社会で、説得と考えられているものは、これと全く異る。このひと達の間で説得したというのは、反対の意見を持ち、反対の態度を表明しているひと達に対して、理論闘争を行い、それに打ち勝ったということ、言葉を変えれば、相手が理論闘争に破れ、沈黙したということである。あるいは理論闘争に破れたため、口先だけで自分の否を認めたということに過ぎない。

だが、相手をオルグしようとして、理論闘争を挑むことほどおろかなことはない。理論闘争を挑むということは、オルグしようとする意志を放棄するようなものである。理論オルグの最中、相手と理論闘争に陥入ることになれば、これはオルグが相手のワナに陥入ったのであり、その時のオルグ活動は失敗であり、次回を期すべきである。

何故なら、理論闘争に敗れたひとは、自分が理論闘争に破れたことで情緒的に著しく反発する。前に述べた通り、人間の行動生起には、とかく情緒が優先する。その結果、情緒的反発が優先して、理論闘争に勝利したオルグに対し、これを憎悪したり、悪意をもって見る。その結果、次にまけまいとして、自分が主張した意見なり思想をさらに補強しようとする。このような活動は、理屈抜きに自分の主張する意見や思想に固執する信念を形成する。

つまり、理論闘争に勝つことは、それに破れたひとに、それまで抱いていた意見を信念にまで高める手助けをするようなものである。これでは説得と全くかかわりのないものとなるこというまでもない。

(7)　実践先行の組織化の場合の困難性

なお大衆を組織化する活動が実践的要請から生れた場合、理論オルグを困難にする今ひとつ別の理由がある。それはこの場合の理論が、大衆を組織化するという実践活動展開後に、その活動の正当性を裏づけようとして構築されたものであることによる。

このような場合、理論構築にあたるひとは、少しも大衆を組織化する活動を実践しているひとでない。いやそれどころか、実際に自分自身、自ら大衆を組織化する活動の実践に手を染めるということがなく、その活動の外側に身をおき、一段高いところから、この活動を眺め、支援する応援団的立場に立つひとであることが多い。

何故なら、理論を構築するには抽象的言語を使用して、概念操作を行う必要がある。だがこの概念操作は、誰にでもできるというものでない。このような概念操作は、高度の専門性を持つ技術であり、これらの技術を専門的に学習訓練した知的エリートにして、始めてよくなしうるものである。このため、実践先行でスタートとした大衆を組織化する活動の場合、その活動を正当化するための理論は、活動を実践しているひと達でなく、その活動に共感、それを支援するこれら知的エリートによって構築されることが多くなる。ここに、これらの理論が、必ずしも大衆を組織化する実践活動と直接結びつかなくなる第一の原因が生れる。

加えて、これら知的エリートが、このような理論を構築しようとする場合、その最大の関心事は、活動の目的、しかもそれは現実の目的という形而下のものでなく、形而上的あるいは神学的な理想目標の明確化であり、その理想目標達成の手段として、現実目的の実現が正当な所以を論理的に明確化し、しかもその論理展開を、他の立場に立つ同種の知的エリートから攻撃された時、充分に論理的に防衛できるようにすることである。

以上のような関心の下に構築された理論は、確かに知的エリートによく理解でき、共感できるものであっても、概念操作の高度の技術など習得したことのない一般大衆にとっては、共感できるどころか、その理解を遥かに超えたものとなる。すなわち、一般大衆にしてみれば難解な理論となる。一般大衆がわからないような理論を道具にして、大衆を組織化すること等できるものでない。ここに理論オルグの困難な第二の原因が生れる。

(8) 理論オルグと訴求力

理論オルグに以上のような疑問点があるいは問題点がある限り、理論オルグを実施してオルグの成果をあげるためには、あらかじめ以上の疑問点あるいは問題点に対して、納得ができる解決を与えておかなければならない。今その解決の鍵を与えるもの、それは理論オルグに使用する理論の持つ訴求力にあるということができる。

訴求力とは宣伝広告の分野で使用される専門語である。宣伝広告の分野では、その効果があがることを大衆説得の効果があがったと考える。ところで、この大衆説得の効果をあげるには、大衆説得に使用する媒体の種類や情報伝達の仕方など、いろいろの要因が考えられる。だがこれら要因のなかでも、宣伝広告の効果をあげる上に、とりわけ重要な働きをするものに、大衆説得に使用する情報の訴求力があげられる。訴求力とは、宣伝広告に使用される情報が、受け手に対して発揮する衝撃力、平たくいえば訴える力である。宣伝広告の場合、受け手に送る情報である文案のことをコピーと呼ぶが、このコピーのもつ訴求力が大である程、そのコピーが発揮する大衆説得の効果は大であると考える。したがって、大衆説得の効果のあがらぬコピーとは、訴求力がないコピーである。このため、宣伝広告の分野では、大衆説得の効果あげるため、コピーがもつ訴求力がどうすれば大になるかということに、大変苦心する。キャッチフレーズなどで、効果があがったといわれるものは、いずれも訴求力の大きなコピーの例である。

理論オルグについても、この訴求力という概念を導入すると、宣伝広告の場合と比較して、次のように考えることができる。それは理論オルグの場合、オルグの道具として使用する理論は、宣伝広告の場合のコピーである。そうであるとすると、宣伝広告が大衆説得の効果をあげるには、コピーの持つ訴求力が大であることを必要とすると同様、理論オルグの場合、オルグが相手に対して説得効果をあげるには、その理論がもつ訴求力が大でなければならぬということになる。

訴求力の大きな理論を用いてオルグすれば、それはよく切れる包丁で料理するようなものであるから、オルグの仕方が下手でもある程度オルグの成果があがる。しかし、理論に訴求力がないとなれば、切れない包丁をつかうようなもので、オルグ効果をあげえない。

(9) 訴求力のある理論とない理論

だが理論オルグがオルグの道具として使用する理論の場合、果して訴求力はどの程度、考慮に入れて構築されているであろうか。構築にさいして意識しないにせよ、訴求力を考慮したであろうと推察される理論と、訴求力などほとんど考慮しなかったであろうと思われる理論の二つがある。

理論構築にあたり、無意識にせよ、訴求力を考慮したであろうと推定されるものには、まず思想が前提にあり、大衆組織化の活動がその思想の実践であるような場合の理論がある。このような理論の場合、その実践のためには、どうしても大衆を組織化する必要がある。そうであれば、その理論を構築する際、理論が大衆を組織化する活動をおこすのに役立つことを考えねばならず、そのためには、大衆説得の効果をあげうる理論でなければならず、ここに訴求力のことを考慮した理論がつくられる。

だがこれに対して大衆を組織化するという実践が先行、その実践活動が展開される過程での必要性から、理論が構築されている場合を考えてみよう。この場合は、既に実践が先行しているのであるから、理論構築にあたっても実践に役立つことを、あまり考えなくてもよい。それよりも、その組織化活動の必要性・正当性などを論理的に説明することができる理論であることが重要となる。

以上のような要請があるとすると、この場合の理論の構築にあたっては、正当性・必要性の論理的明確化に力点がおかれ、訴求力という点が、ともすればおろそかになる。加えて、この種の理論構築にあたるひとには、共通した固定観念がある。その固定観念とは、理論は正当性・必要性が明確化されればされる程、それだけで訴求力が生れるものであるという考え方である。俗にいえば、「よいことさえいえば、放っておいても、ひとはそのよいことを実践する」という考え方である。だがよいことさえいえば、ひとがそのよいことを実践すると必ずしもいえない。否よいことであるから、かえって実践が困難なので、悪いことであれば捨てておいても実行する。つまり、理論がもつ正当性とか必要性、あるいは論理的整合性などと訴求力とは別次元のものである。それ故、実践先行の組織化活動の場合、とかく訴求力が弱化する。

(10) 訴求力の調整

では訴求力の劣っている理論の場合、この理論を用いてオルグするなど、全くできないものであろうか。もし訴求力の強弱などを変化させることができず、理論に固定的に付着したものであるとすれば、その通りであろう。だが理論のもつ訴求力は操作次第で多少変化させることができる。それ故、訴求力の劣っている理論を用いてオルグすることは、その点においてすぐれている理論を用いてオルグする時より、オルグ効果をあげる上で困難であるにせよ、オルグ効果をあげることもできる。この場合、理論の本質を損わぬようにしながら、訴求力を強化するような操作を理論に加え、オルグすればよいからである。

だが、この訴求力を変化させるということは、訴求力がすぐれている理論の場合でも、オルグする場合に、また必要である。何故なら訴求力の程度は、受け手の性質・状況等によって、また変化するからである。すなわち、訴求の仕方が同じであっても受け手の性質・状況の違いによって、訴求力の大小に差が生じてくる。そのため、訴求力があるはずの理論であっても、オルグ対象の性質状況によって、訴求力を変化させるような操作を加えなければならない。

一例をあげれば、理論が論理的に精密に組み立てられ矛盾がないということは、知的エリートを受け手とした場合、訴求力が大である。一方このような受け手に対して、論理に飛躍があったり、矛盾があったりするような理論は訴求力が弱い。だが、一般大衆を受け手とする場合、いかに理論が論理的整合性を満足させ、矛盾がないにせよ、そのようなことでは、強い訴求力を発揮することができない。論理的飛躍と矛盾があっても、大衆にわかり易く、その上大衆の感情にストレートに働きかけるようなものであれば、訴求力が大となる。

訴求力は以上のようなものである故、理論オルグを実施する場合には、オルグの対象の性質およびそのひとがおかれている状況等を考慮して、常にそのひとに対応して訴求力が大になるよう、オルグに用いる理論の訴求力を変化させなければならぬ。ここに理論のオルグを行う場合のオルグ技術の条件が明らかとなってくる。オルグの方法は、相手にあわせて訴求力を調整することである。

(11) 理論オルグの人的限界

だがオルグが道具として使用する理論について、その理論のもつ訴求力をオルグが対象とする相手ごとに、そう容易に変化させることなど、果してできるものだろうか。このような疑問は、極めて当を得たものである。

実のところ、理論のもつ訴求力を変化させるということ、殊に大衆を組織化する活動の道具として役立つように、理論のもつ訴求力をかえるということは、ある意味において、理論を構築する以上にむつかしいことでもある。何故ならば、そのためには、理論を構築する場合と、また次元を異にする高度の知的作業と同時に大衆感覚を必要とするからである。

本来ならば、理論を構築するひとが、訴求力を強化するに必要な知的作業にもすぐれ、あわせて何よりも、大衆感覚を身につけていることが望ましい。その場合こそ、大衆を組織化する上に有効な訴求力のある理論を構築することが可能になる。

もちろんそのようにして構築される理論もないとはいえないが、多くの場合、オルグに使用する道具である理論の構築者は、理論を構築することが可能な階層に対して訴求力のある理論を構築するという点ですぐれているが、大衆感覚を欠落していることが多い。結果として、大衆を組織化するために必要な道具としての理論としては、理論のもつ訴求力を欠くことが多い。その上、また大衆を相手とする場合の訴求力を強化するような知的作業についても無縁なひとが多い。このようなひとによって構築された理論は、オルグの道具として使用する場合、使用しづらくなるのも当然である。

いずれにせよ、理論の訴求力を向上させるには、高度の知的作業を遂行できるだけの能力と、その知的作業に関する知識を必要とする。そのため、理論オルグを行うひとは、本来ならば、このような知的作業が遂行できるような訓練を受けている必要がある。誰であろうと、これはその気になりさえすればできるというものでない。

本来大衆を組織化する活動は、その活動をするひとが、幾何級数的に増加することを必要とする。そのためには、誰でもその気になりさえすればできるものでなければならぬ。それがそうなりえないところに、ここに理論オルグの限界がある。

⑿　訴求力を強化するための注意

加えて理論オルグの場合、今ひとつの問題点は、よく理論のもつ訴求力をかえる知的作業を遂行する能力のあるひとを訓練によって数多く養成することができたにせよ、このひと達の活躍によって理論のもつ訴求力をかえる際、理論の本質を損い、これを変質させてしまうようなことがおこるのでないかという懸念がある。

これもまた、誠に当然な懸念である。それ故にこそ、多くの有名な理論の創設者といわれるひとは、自分が構築した理論が大衆化することを本来望むべきはずのものなのに、かえって、その大衆化を嫌ったのである。たとえば、親鸞しかり、道元しかりである。これは、その思想が大衆化するとなれば、当然その思想をつくっている理論が訴求力を持たねばならず、この訴求力を増すような知的作業が創始者以外のひとの手によって行われる過程で、理論そのものの純粋性が喪失、加えて変質してしまうことを極力嫌いおそれたからであろう。

このようにして、理論をオルグの道具として、その有効性を向上させようとし、そのため訴求力を強化しようとすればする程、理論が変質するおそれがでてくる。そのため、理論のもつ訴求力を変化させるには、よほど慎重な態度と、注意深い考慮とが必要となる。決して一時の思いつきや気紛れなどで行うべきものでない。

だが、そうであるからといって、理論の訴求力を相手に応じて変化させるということが、全くできないという程絶望的なものでないことも、またたしかである。そこで、理論の訴求力を増すためには、理論オルグの際、次のようなことを必要とする。

その第一は、オルグにあたるひと自身がいずれも、オルグに使用する理論そのものについて、まず充分な理解を持つよう絶えず努力を続けることである。これを行うことで、理論の変質を防ぐことが可能となる。

その第二は、理論の本質を損うことなく、訴求力を変化させるような知的作業が遂行できるよう、早くいえば理論オルグにあたるひとが、理論オルグ養成の訓練を受けることである。

その三は、あらかじめオルグが対象とする相手を予定して、それに対応可能なような訴求力のある理論パターンをいくつも身につけていることである。

第五章　理論オルグのための整備作業と内容分析

(1)　理論オルグのための整備作業

理論オルグをする際、理論をそのままオルグの対象に伝達したところで説得効果があがらない。理論的説得の効果をあげるには、理論のもつ訴求力を高めることが必要である上、この訴求力は相手の性質状況に応じて変化する。それ故、理論オルグをする場合、いかなる理論をいかなる相手に伝達するのか、オルグ活動の実践にとり組む以前に、あらかじめ効果があがるよう理論をオルグの相手に応じて整備しておく必要がある。では、その整備作業とは何か。

まずこの整備作業の狙いであるが、それは理論を伝達された時、受け手であるオルグの相手が伝達された理論内容から、自分にとって極めて好ましいイメージあるいは魅力のあるイメージを組織活動について抱くようにすることである。そのようなイメージを抱くような情報を伝達するため、情報内容の整理統合する準備作業、それがここでいう整備作業である。

では、何故このような整備作業が必要なのだろうか。その理由は専ら訴求力の大小あるいは優劣を決定する主要因が、伝達情報の受け手にあたえるイメージにあるからにほかならぬ。受け手に伝達した情報が、一般的にいって、受け手に好ましいイメージ、よいイメージ、あるいは魅力のあるイメージを与えた時、その伝達情報の訴求力が大となる。悪いイメージを抱かせるような場合には、訴求力が弱まるとか、甚しい場合無に近いことになる。

そこで理論オルグにとり組むオルグとしては、あらかじめ伝える理論内容を分析して、それがどのような要因から構築されているのか、それを明らかにする必要がある。ついで、このようにして明らかにされた各種要因の内容からみて、それをどのように再構築すれば、オルグの相手に対し、訴求力をあげるイメージを与える情報として伝達できるか、その計画を練らねばならぬ。

以上の二つの作業を行うこと、それがここでいう理論オルグのための整備作業である。以上の整備作業の具体的な内容手順については、次に節を追って、その詳細を明らかにする。

(2)　理想目標の分析とその方法

理論の内容を分析する場合、まず、その理論のなかに含まれている最高の理想目標が何んであるか、更にその目標がどんな言葉で表現されているか、それを分析摘出する作業をしなければばならぬ。

元来大衆を組織化する活動の背後にあって、この活動を支えるためにつくられた理論は、すべて大衆を組織化する活動をおこす動機づけとして役立てるため、誘因としての目標をかかげている。この目標にも、現実的なものから、到底実現できそうもない高邁なあるいは崇高な理念に至るまで各種のランクがある。それら目標のなかでも、最高のランクに位置するもの、それがここでいう理想目標である。

ところで、これら理想目標は、理論構成上極めて抽象度の高い概念で表現するのが普通である。何故なら概念は抽象性が増せば増す程、妥当する範囲が大となる。殊に普遍妥当性のある概念ともなれば、とりわけ抽象的となる。大衆を組織化する理論のなかに含まれている理想目標は、その目標の妥当性をできる限り大にしなければならぬ。その結果、この理想目標は、たとえ対立・敵対する運動理論の場合でも類似した言葉となる。

たとえば、自己実現等という言葉は、極めて抽象度の高い言葉である。それだけに、自己実現はマルクス主義はいうに及ばず、資本主義においてさえ、最高の価値を持つ理想目標となる。そのほか、自由・平等・民主・福祉・人間性解放や尊重、人間性の尊厳・道徳的自律・友愛・信義などは、いずれも理想目標となり易い言葉である。そのいずれもが価値付与といって、その言葉を大衆が耳にするだけで、素晴しく価値あると思うような言葉である。

理想目標の分析摘出にあたっては、理論のなかで言明されている言葉のなかから、できるだけ抽象度の高い価値付与的な事実を探り出すことである。それができると、その言葉こそ、理想目標といえる。

(3)　現実目標分析とその効果

理想目標の分析が終了すれば、次にとりくむ第二の作業は、現実目標の分析摘出である。しかもこの現実目標の分析摘出という作業は、内容分析のなかでも極めて重要である。何故なら、後にこの内容分析の結果を利用して理論オルグを行う場合、この現実目標こそが、他の目標のなかの何にもまして、重要な役割を果す道具となるからである。

元来、人間は心のなかに魅力のある目標で、しかも比較的到達可能な距離にある目標が浮ぶと、その目標に到達しようとして行動をおこす。故にこの種現実目標は達成可能な魅力ある目標を必要とする。賃金水準の引きあげ、労働時間の短縮、停年延長、男女差別撤廃、公害防止等という言葉で表現されているのが、これである。

これらの目標は、いずれも現実に大衆をして、組織化活動を生起させる誘因となる目標である。それだけに、大衆を組織化する理論は、いずれもこの現実目標を核にして構築されるのが普通である。その点からいえば、前述の理想目標などは、この現実目標に対し、その背後にあって価値を与えるバックとしての効果、つまり後背効果と呼ばれる役割を果す錦の御旗であり、スローガンあるいはシンボルに過ぎないものなのである。

それだけにこの現実目標を分析することで、その理論が大衆のどのような欲求を想定し、それに答えて、その欲求の充足をはかろうとして大衆の組織化を主張しているものであるか明確化する。何故なら、人間に行動を生起させる動機づけの心理的メカニズムでは、目標である誘因と行動生起のエネルギー源である動因としての欲求が対応している必要がある。そのため、誘因である目標が明確化すれば、それに対応する動因としての欲求がどのようなものであるか、明確化するからである。

理論のなかで、大衆の欲求として推定されているものが何かわかれば、目標到達によって獲得する大衆の欲求満足は報酬である。そうなれば、その理論のなかでは、大衆が組織化活動に参加するという犠牲を払うことで獲得可能となる報酬として、どの程度のものが予定されているか明確となる。

(4) 中間目標の分析とその使用法

以上の目標のほか、理論のなかには中間目標が含まれていることもある。そこで中間目標が含まれていないかどうかも理論内容をよく検討し、これを摘出する。ここに中間目標というのは、理想目標と現実目標との中間に位置する目標である。

それ故、この目標は理想目標のように、現実に実現することが滅多に望めないというようなものでない。だがそうであるからといって、現実目標ほど現実に実現しやすいというものでない。現実目標実現を重ねることで、到達可能な目標でいうならば、努力目標とでもいった方がわかりの早い目標である。

この中間目標は、これが抽象度の極めて高い言葉で表現される理想目標と、具体的な表現で示される現実目標との中間にある関係上、中程度の抽象性のある言葉で表現されることが多い。理論内容を構成する言明のなかで、このような表現による目標を見出せば、殆んどの場合、それが中間目標である。たとえば、賃金その他労働条件の向上とか、共産党一党独裁とか、福祉社会とか、あるいは政治の民主化・大衆化等という目標は、多くの理論でみられる中間目標である。もっとも、この中間目標が実現されそうになると、それは現実目標となり、この目標と理想目標との間に、また新しい中間目標の設定がみられることが多い。

この中間目標の分析摘出は、その理論を構成している方向線、つまりその理論のなかに示されている目標達成の戦略を推定する上で大変に役立つ。三点を結ぶことで、それら点を結ぶ線分が、直線であるか曲線であるかが判明するように、理想目標とその理想目標を達成するまでの中間にある手段である中間目標、さらにこの目標を達成する手段である現実目標とを知ることで、その理論のなかに含まれている目標達成の手段を選ぶ路線が、急進的であるか漸進的であるのか、革命か革新か、積極的か消極的か、直進的か迂回的か、直接的か間接的かなどということがわかる。すなわち、目標達成へとむかう姿勢が明らかになる。

そこでこの理論にもとづいて、大衆の欲求を満足させる実践目標を選択する場合、何を目標として選択すればよいか、その傾向が明確となる。

(5) 実践目標分析の条件とその使用法

なお理論のなかに含まれている目標としては、前述の三目標以外に実践目標がある。実践目標は現実目標達成の手段として、大衆を組織化することで実現を目ざす当面の課題である。早くいえば、現実目標を実現する手段として、大衆が当面何を達成すべきかを示すものである。

勿論、同じく大衆を組織化する活動を支持正当化する理論でも、抽象度の高い理論の場合には、含まれる目標のうち最下位の目標は、現実目標までが多く、実践目標が含まれることなど殆んどない。だが大衆を説得するための理論の場合には、この実践目標がむしろ中心で、上位目標として、現実目標か、せいぜい中間目標までである。理想目標が含まれることなど極めて少い。しかもこの実践目標は、この場合、他の目標と較べて、極めて多種多様、その数が多いことが特徴である。

具体的にいえば、この実践目標は、今年の賃金上昇率を何パーセントとするとか、それが定昇込みであるのかないのか、年末一時金の金額をどのようにするのか、あるいは、停年を何歳まで延長するか、その時の賃金をどうするか、退職金の算出方法をいかにするかなどといった極めて現実的な要求の数々が、それに該当する。

この実践目標はいうまでもなく、理想目標・中間目標・現実目標を結ぶ線の延長上、つまり理想目標からの射程内にあるものである。それだけに、この実践目標が明確化することは、その理論が目標達成のため、どのような方向の手段をとろうとしているのかはっきりする。

加えて、実践目標までが明らかとなっている理論の場合は、大衆にどんな欲求があると推定しているか、それを現実目標のみから推定する場合より、より具体的且つ詳細に窺い知ることが可能となる。

加えて、この実践目標が明確化できるような理論の場合、その理論を道具にオルグすることがより容易となる。何故なら大衆は、到達できそうもない崇高な理想目標より、現実に手がとどきそうな実践目標の方に、より魅力を感ずることが多いからである。そのため大衆を理論でオルグする場合、この実践目標を中心にして構築された理論で、説得にあたる方がよりオルグ効果をあげることになる。

(6) 目標の魅力づけ分析の必要性

以上各種目標の分析完了後、つづいて行わねばならぬ作業がある。それはこれらの目標のそれぞれが理論のなかで、どの程度まで大衆にとって魅力あるイメージを与えるものとして表現されているかを明確化すること、つまり、目標の魅力づくりの分析である。これはまた当然なことで、理論が大衆を組織化する上に役立つのは、理論のなかで提示されている各種目標が、大衆にとって魅力あるものとしてのイメージを与えるからである。もしこれらの目標が大衆にとって魅力のないイメージを与えた場合、大衆はその目標を達成しようとして、わざわざ組織化活動に参加しようなどという気持をおこさない。結果として、そのような魅力のない目標しか提示できない理論では、大衆を組織化する理論としての役割を果すことができないといえるのである。

もっとも、始めから大衆を組織化する活動に駈りたてる目的で構築された理論ならば、目標の魅力づけは、大衆を組織化し易いような考慮が払われる。だが大衆を組織化する活動がある程度発展し、その結果、その活動を正当化する必要上、構築された理論の場合、大衆を組織化し易い理論にするという配慮が意外に欠落し易い。何故なら、大衆が理論のなかでかかげた目標に魅力を感じ、達成努力をするのが当然だという気持が理論構築者にあるからである。

目標の魅力づけの分析を行うには、それぞれの目標について大衆がその目標に到達することが、大衆にどんな意味を与えるのか、それを明確なイメージでえがくことができるように述べられているかどうか分析することである。より具体的にいうならば、大衆の現在の生活の現状からみて、それぞれの目標に達することが、大衆の生活をどのように好ましいものに変化させるのか、それを明確なイメージでえがくことができるようになっているかどうかを明らかにすることである。

この分析を行うことは、後にこの理論を道具にオルグする場合、大変重要な役割を果す。もし理論のなかで提示されている目標が、大衆に魅力のあるイメージを与えることで少しも充分でない時、オルグとしては、魅力づけをする必要があるからである。

(7) 目標の正当性の分析

なお目標イメージの分析では、理論のなかに提示されている目標の魅力づけの部分を明確化するにとどまるだけであると、大変不充分である。今ひとつ理論のなかから分析摘出しておかなければならぬ重要な要因がある。その要因とは、理論のなかで提示されている各目標について、その目標を達成することが、大衆にとって、あるいは人間にとって、いかに正当なことであるかを理屈づける部分について、いかに理論的に明らかにされているかを分析摘出することである。今このような作業を目標の正当性を分析するという言葉で呼ぶことにしよう。

この部分の作業は、理論の内容を分析する作業のなかでも、特に重要である。その理由は、一般に大衆を組織化する活動を支える理論の場合、その主要部分が、この目標に正当性を与えることを論理的に明確化することに費されており、そのため、この部分に、その理論のもつ思想性が端的に表現されているからである。それだけにこの部分は、哲学思想・政治思想・社会思想・歴史観などの過去の文化遺産がいろいろ利用される。その結果、これらの知識なしに理解することが困難になる形で構築されていることが多い。

では理論のなかで目標を正当化する部分が、何故このように重視されるのか。それは次のような理由による。大衆を組織化する活動に参加するように大衆を動機づけるには、確かに目標が大衆にとって魅力のあるイメージを与えるものであることが必要であるが、それだけでは不充分である。単に魅力のある目標となると、不道徳なことの方が、道徳的なことより遥かに魅力があることもある。だからといって、不道徳的な魅力のある目標をかかげたのでは、大衆を組織化する活動を発展させることがむづかしい。大衆を組織活動に参加させるには、参加大衆のすべてにとって、その目標に到達することが正義であり、大義のあることとして、社会的に承認賞賛されるようなものでなければならぬ。このため、目標の正当化が必要なのである。

ただし、目標の正当化が進めば進む程、大衆に対して目標がもつ魅力が失われる傾向がある。このため、理論の目標は上位に近づけば近づく程、正当化が、下位に接近すればする程、魅力づけがウエイトを持つ。

(8) 大衆欲求の分析とその方法

目標は人間の動機づけの心理的メカニズムからみた時、動因である欲求に対して、この欲求を満足させる誘因としての機能を持っている。そうであるとすれば、内容分析によって、理論のなかに含まれている目標が明確化すれば、その目標を誘因刺激とする動因刺激には、どんな大衆の欲求が想定されているのか、それを明らかにすることができる。今理論についてこの作業を行うことを大衆欲求の分析と呼ぶことにする。

この欲求についての分析をする場合、欲求に関して、簡単な知識を持っていた方が便利である。欲求はまずその基礎に、生命維持に必要な新陳代謝からおこる欲求があると仮定され、これを一次的欲求という。飢え・かわき・睡眠・呼吸・疲労回復などの欲求がそれである。このうえに、生後学習によって獲得した欲求が階層化しておこると仮定され、これを二次的欲求と呼ぶ。二次的欲求のうち、一次的欲求に近いものから遠いものへの順で列挙すると、安全・親和・尊厳・存在証明・自我拡大などの欲求があり、そのうち、存在証明と自我拡大の欲求とを高次欲求と呼び、この欲求が満足された状態が自己実現であると考えられる。いずれも上位欲求は、その下位欲求のすべてが満足されると、特に強くおこるという傾向がある。また上位欲求が満足されないと、下位欲求を満足させることで、一時しのぎの間にあわせの代償的満足を、ひとは得ようとする。

以上の知識をもとに、目標から欲求を分析するには、目標到達が社会でどんな意味を持つかを考え、それがわかると、それを報酬とみて、そのような報酬を望むのは、前述の欲求のうち、どれかということを推定すればよい。たとえば、我々の収入のうち生計費に使用する部分、つまり一次欲求を満足させるために使用する部分が何割ぐらいになっているかを考える。もし賃上げ幅という実践目標を達成したとしても、生計費にまだ充分といえない時、その実践目標は生命維持の欲求から生れたものである。もし賃上げ要求前の賃金のうち、生計費に消費される部分が五割ぐらいであるとすれば、賃上げ要求は、二次的欲求、ことにそのなかでも高次欲求である存在証明・自我拡大の欲求を満足しようとしているものであり、そのような要求が生れることは、自己実現の欲求が大衆に強くおこっていると推定される。

(9)　欲求正当化の分析とその重要性

これまで大衆を組織化する活動のため理論の多くは、勿論欲求というような心理学的概念を用いていない。それらは思想性が強いもの故、従来の思想形成のため使用された観念的言語、なかでも哲学的言語を使用している。そのためたとえ欲求という言葉が理論のなかに使用されていても、それはここでいう欲求とは異り、多少意味あいまいで多義的である。

だがその点さえ理解していれば、前述の目標から推定した欲求と、理論のなかで述べられている欲求その他同義の言葉によって、大衆を組織化する活動が、一体どんな欲求を満足させるためのものか、大体の推定ができる。しかも大衆を組織化する活動を支える理論では、いずれも大衆がこのような欲求を抱くことは当然であると正当化することが必ず行われる。たとえば、大衆が自己実現の欲求を持つのは、大衆が人間である限り当然であるといった具合である。

考えてみれば、そのような欲求についての正当性が強調されているのもまたあたり前である。何故ならそれらの欲求が正当化されない限り、その欲求を満足させてくれるはずの各種目標も、また正当化されないからである。そのように考えてくると、目標の正当性を主張する理論の基礎は、この大衆が抱いていると仮定している欲求の正当性を主張する仕方にあるといえる。この両者が矛盾なく論理的一貫性をもって主張されていてこそ、始めて正当化の理論が成立する。もしそれが矛盾撞着を生じているような場合、そのような理論は、論理的基礎が薄弱であるといわれる。

さて、以上のことが明らかになってくると理論内容の分析では、欲求を正当化している部分を理論のなかから分析、それがどんな具合に正当化されているか、それを知ること、つまり欲求の正当化の仕方を分析することが、極めて重要となってくる。何故なら、この正当化の仕方によって、その理論の独自性が生れてくるからである。また目標到達を正当化する論理も、これによって規定されるからである。

⑽　阻害要因の分析

ところで以上、大衆の欲求を満足させるために、目標の達成が必要であるということは、言葉をかえれば、大衆がおかれている現在の状況のなかに、その欲求の充足をはばむ何等かの障壁があることを意味する。そこでその障壁が何んであるとみているか、それを理論のなかから分析する必要がおこってくる。これを阻害要因の分析と呼ぶことにする。

もっとも、大衆の欲求の充足を阻む阻害要因といっても、現実の社会のなかで真に阻害であるものを発見することは、なかなか困難である。果して真にそれが阻害要因であるのかないのかは、実際にその阻害要因を排除した結果が判明するまで不確定である。その結果、あるひとが阻害要因とみたものを他のひとは阻害要因とみないという事態も生じてくる。

そこでこの阻害要因の分析では、その理論のなかで何を阻害要因とみているのか、それを分析することが、特に重要となる。多くの場合、理論のなかでは、この部分が大衆のおかれている社会の現状認識あるいは現実規定という形であらわれている。それを明確にすること、それが阻害要因の分析となることが多い。

もっとも理論のなかには、現実の社会に存在しないものを、あたかも現実に存在するように思わせ、それを阻害要因として強調している場合もある。あるいは阻害要因等と到底考えられぬものを阻害要因と誤まって指摘している場合もある。だが、理論の内容分析の場合には、そのようなことを全く考慮せず、専ら理論のなかで阻害要因として指摘しているものが何と何であるかを理論に密着して分析摘出するようにしなければならぬ。

以上の分析の結果と現実とを対比した場合、この阻害要因として何を理論でとりあげていたかによって、その理論構成の基礎となるものの見方、考え方が判明する。なおこれと前述の目標ならびに欲求の正当化の仕方とをあわせて考えれば、理論の基礎であるものの見方・考え方が、さらに明確化してくる。

その上、この阻害要因の分析は、その理論で主張する目標達成の手段である戦略戦術を理解する場合にも、極めて重要である。何故なら、目標到達の手段とは、つまるところこの阻害要因と思われるものの排除の仕方であるに過ぎないからである。

(11) 促進要因の分析

だが社会には、大衆の欲求を阻止する阻害要因ばかりがあるわけでない。逆にこれらの欲求充足を促進するような促進要因も存在する。理論の内容分析では、理論のなかに、これら促進要因と思われるものがあるかないか検討、あればこれを摘出する作業を行う。

勿論大衆を組織化するための理論のなかには、現実の社会にある各種要因のうち、阻害要因のみに言及することが急で、促進要因等、目もくれないとか、他の立場の理論のなかでは、促進条件とみられることが多いものまで阻害要因とみてしまうものもある。つまりこのような理論では、促進要因が零ということになる。このような理論は、一般に過激な理論の場合に多く、「味方でないものはすべて敵」というものの見方・考え方に立っている証拠である。

これに対して、阻害要因のみを抽出するなどという一面的な見方をせず、促進条件と思われるものをも、社会の現状のなかから拾い出し、現実認識の部分に、これを加えている二面的な見方をしている理論もある。このような見方をする理論は、客観的冷静な見方をするだけに、狂信者をつくり出すことがむづかしいし、考え方も漸進的で穏健であるだけ、大きなミスが少いといえる。いうならば、「敵でないものは味方」とみる考え方を示す。

このようにして、この促進要因の有無を分析することは、その理論のもつ思想的性格をそれだけで端的に示してくれる。それだけに、理論が示す現実規定の部分で、この促進要因がどの程度摘出されているかということは、阻害要因摘出の場合と共に、その理論がもつ現実妥当性、あるいは客観的妥当性が、果してどの程度のものであるか、判定評価する手がかりを提供してくれることになる。

一方、その理論のなかに示されている目標達成の手段である戦略・戦術は、いずれも大衆の欲求を阻止する阻害要因、あるいはそれに加えて促進要因をも考慮して策定される性質のものである。つまり、これら目標達成の戦略・戦術は現実に即して策定されない限り、成果を期待することができぬものである。その点、理論のなかで現実を規定する部分に、促進要因がみられず、専ら阻害要因のみを指摘しているような場合は、その戦略・戦術が妥当か否かを疑わしめることになる。

⑿ 戦略・戦術の分析

目標達成には手段を必要とする。したがって、大衆を組織化するための理論で、いずれもこの目標達成の手段に、かなりの説明がついやされているのが普通である。理論の内容を分析する場合にも、当然理論のなかに含まれているこの手段を分析摘出しなければならない。

この手段は一般に大きくわけて、戦略と戦術がある。この場合、戦略とは手段として何を選択するかについての基本路線、つまり手段採用の基本原則を明確化するものである。これに対して戦術とは、目標達成の個々の場面に対応した手段である。戦略は各種目標を結びつける直線の延長線上にあるもので、早くいえば、その理論のなかに示されている思想的性格によって決定されることが多い。

理論のなかには、目標達成の手段として戦略までは明確にしているが、個々の実践目標、あるいは現実目標等を達成するための戦術については殆んどふれていないものもある。このような理論は、現実性に乏しく、この種理論を使用してオルグしようとしても、その成果をあまり期待することができない。これに対して、戦略は勿論のこと戦術についても詳細に考慮され、数多くの場合を想定、それに対応して策定されている理論もある。この種理論は、それだけ実践的であるということができる。

ただし戦術の場合は、それが現実的な手段であるだけに、その理論の持つ思想的性格を始め、理想目標や中間目標を正当化するための理論的性格からみて、矛盾・不一致を生ずる場合も少くない。この場合、理論のなかには、これら戦術を正当化するための口実が、必ず盛りこまれているといってよい。これらの口実も、理論の性格を理解する上に重要な参考となるので、戦略・戦術の分析の際、必ず摘出しておく必要がある。

戦略・戦術の分析にあたって、さらに必要なことがある。それはその戦略・戦術をとって目標達成を試みる時、大衆が蒙るかも知れぬ犠牲がどの程度まで精密に予想されているかということである。たとえばストライキを戦術として選択する場合、そのストライキによって蒙る大衆の犠牲をどの程度まで損益計算しているかどうかである。これは戦略・戦術の分析にあたって、必ず注意しなければならぬ点である。何故なら犠牲の予想など皆無であるとか、予想をしていても極めて粗雑な理論の場合、その理論で説く主張が極めて無責任且つ粗雑な考え方に立脚したもので、実効性に乏しいといえるからである。

(13) 歴史解釈の分析とその方法

また殆んどの理論は、目標の達成が確実であるというイメージを、理論を学習するひとに与えるため、歴史解釈という部分を多かれ少かれもっている。内容分析では、理論のなかに含まれているこの歴史解釈の部分も、別にとり出しておく必要がある。これが歴史解釈の分析である。

人間はとかく未来は、過去の延長であるとか、過去におこったことは、再度将来もおこる可能性があると思う一方、過去におこらなかったことは、これからもおこらないと思い勝ちなものである。果してそのようなことが、確実にいえるかどうか、その保証がないにもかかわらず、このように思い込む心理を利用して理論のなかの各種目標、殊に現実目標や中間目標の達成可能性が確実であると大衆に思いこませ、その理論によって説く主張を大衆が信頼し、且つ目標達成を目ざす組織化活動に勇気を出し、とり組むようにするため、目標達成の確実なことを過去の史的事実を用いて説明しようとする傾向が多くの理論にある。

だがこの場合、歴史的事実のなかには、目標達成の可能性を確実視するための証明に使用するのに都合の悪い事実もある。これを大衆に持ち出されては、せっかくの意図も実現できない。そこでこの種理論では、このようなことに備えて、目標達成を確実視するに役立つような都合の悪い史的事実も都合のよい事実と見るための、その理論独自の歴史的解釈法を持っていることが多い。唯物史観や一元論的歴史観を始めとして、多元論的歴史観にもこの種のものがみられる。

そこで理論内容の分析にあたっては、その理論が目標達成の可能性を確実であると思わせるため、その証拠として、どのような歴史的事実を採用しているか、逆にどのような史的事実を無視しているかをまず明らかにする。これによって、理論で説く主張が、一面的で片よったものであり、意図的なものであるのか、それとも普遍妥当性を狙っているものであるかどうかをまず確認できるようにする。ついで都合が悪い史的事実については、これに対して、どのような解釈がほどこされ、これを都合のよい事実とみるよう改変操作が行われているか、その点を明確化して、改変操作の手口を明らかにしておく。これが内容分析における歴史解釈のやり方の分析方法である。

⒁ 内容分析結果の利用法

以上で理論オルグのための準備作業として、理論の内容を分析する方法の概要を述べた。そこで理論について、このような内容分析をあらかじめ行っておくことが、理論を道具としてオルグする場合、いかに役立つか、その例を最後に若干提示しておくことにしよう。

(イ) 理論の正当性を信じようとしないひとをオルグする場合

この場合は、理想目標・中間目標・現実目標およびこれら目標の正当化要因および史的解釈要因ならびに欲求の正当化要因を使用してオルグする。

(ロ) 理論で主張する目標達成の可能性に懐疑の念を抱いているひととの場合

このような相手に対しては、歴史的解釈要因、現実目標、それに到達するための戦略要因および阻害要因と促進要因とを利用する現実認識の仕方等を用いてオルグする。

(ハ) 志気そそうしたひとを相手にする場合

この場合は、理想目標・中間目標・現実目標・実践目標を提示したのち、目標正当化要因、戦略・戦術の正当化、歴史的解釈などを用い、目標達成を確実視させると共に、将来の展望を与えるようにしてオルグする。

(二)　無関心なひとを相手にする場合

この場合は純粋に理論だけを道具に用いてオルグすることが困難である。だが強いていえば、大衆の欲求、阻害要因、促進要因、現実目標とそれらの欲求の正当化、目標の正当化、歴史的解釈等を利用してオルグすることが考えられる。

以上は一例をあげたに過ぎない。だが以上のように理論を、これを構成する要因に分解しておくと、理論オルグを実施する場合、相手に応じて、またオルグ中の相手のオルグに対する反応の変化に応じて、どのような要因を、どのように使用してゆけばよいか、処方をすることが可能となり、柔軟なオルグができることになる。

だが理論内容分析の効果は、これのみにつきるものでない。感情オルグを行う場合、あるいは理論闘争を行う場合にも充分活用することができる。殊に理論闘争の場合等は、相手の支持信奉する理論についても、この内容分析を行っておけば、攻撃すべき弱点とその攻撃方法まで明確となる。最後に理論オルグで分析した各種目標やこれらを正当化する要因、大衆の欲求や阻害要因などをシンボル化することで行動文化オルグに利用できる。

第六章　理論オルグの技術

(1)　正当派理論オルグの対象

理論オルグのひとつである正当派理論オルグについて、そのやり方の詳細を述べよう。そのため、まず最初にこのオルグのやり方を使用する際の対象を明確にしておく必要がある。

もともと正当派理論オルグとは、理論を構成する要因のなかでも理想目標・中間目標・現実目標等を明確化すると同時に、これらの目標に大衆が到達しようとすること、およびそのため使用する戦略などを論理的に正当化する知識をオルグ対象の相手に情報として伝達オルグしようとする方法である。そのため、このオルグを実施する場合、最下位の目標である実践目標とか、それを達成するための戦術の細かい点等をあまり言及しないのが普通である。それだけにこのオルグを展開する場合、オルグする側・オルグされる側双方共に、かなり抽象度の高い論理的な知的作業を必要とする。

正当派理論オルグによるオルグの仕方が以上のような性質のものであるから、いかに正当派オルグといったところで、大衆のうち誰彼の区別なく、このオルグの方法を使用して効果があがる性質のものでない。このオルグ活動を展開、効果があがる相手となると、極めて制限されるのが普通である。

その結果、このやり方のオルグの対象として効果をあげ得る相手となると、まず第一に、かなり高度の論理的な知的作業に耐えるひとということになる。その点、論理的な知的作業をかなりの時間継続しよう等と思わない大衆、殊に未組織無関心大衆や組織内無関心層を相手にこのオルグ方法を使用してオルグすることは無理であり、その無理を犯して、これらの大衆に、このオルグをしてみたところで殆んど効果があがらない。そのほか、敵対組織に既に組織化されているひと等に対しては全く効果がない。

そうであるとすると、この組織化活動に大変関心を持ち、積極的にとりくもうとしている活動家・リーダーやオルグ活動をしようとしているひとを相手とする時のみ、このオルグ効果があがると伝える。これらのひとは、このオルグ活動の対象となることにより、自分が組織化活動にとり組むことの意味を理解し、将来の展望が与えられ、強くその気になる故である。

(2) 正当派理論オルグの目標

さて正当派理論オルグの目的は、他の多くのオルグのやり方のようにオルグの相手に、そのオルグに出会った結果、オルグされるよう動機づけに成功するということを直接目的とするものでない。それよりも既に動機づけられているひとびとを対象に、それらのひとびとの動機づけを補強し、自信あるいは信念をもって活動を継続するようになることを目的としたものである。

それ故正当派理論オルグでは、この目的を達成するための手段として、オルグの対象にその大衆を組織化する活動に参画し、大衆組織を発展させる活動に参加することが正当であるということを明らかにする理論的知識を伝えるという方法をとる。だがそのために、このオルグのやり方にはおとし穴がある。

そのおとし穴というのは、オルグがこの正当派理論オルグを実施する場合、正当化の理論を伝えることに心を奪われるあまり、理論を構築する学者・研究者が構築した理論を世に問い伝えるために行う講義・講演・論文発表の形式を真似しがちになることである。これは大変な誤りである。

何故なら学者・研究者等は、決してオルグの専門家でない。それゆえ殆んどの場合、正当化の理論を構築するにあたっても、その理論的知識を構成する要因およびその配列の仕方にせよ、オルグの成果があがることを前提として理論構築にあたるわけでない。またその理論を世に伝えるための講義・講演・論文にしても、オルグを前提にしていない。もちろん、そのような講義・講演を聞き、論文を読んだためオルグされるひとがないわけでないが、そのようなひとは概して少数である。そのため、正当派理論オルグを実施する場合、このような学者・研究者の講演・講義・論文の真似をしてもその効果があがらないといえる。

そこでオルグの専門家として理論オルグを行うにあたっては、それに必要な要因を理論的知識のなかから分析摘出し、それを更に、オルグ効果があがるよう配列した情報に組みかえ、相手に伝えることが必要となる。

(3) 正当性を示す理論要因

正当派理論オルグでは、その目的からみて、大衆組織発展の正当性をオルグの相手に正確精密な理論的知識として伝えることが必要となる。そのため、この理論オルグでは、伝える理論的知識の中心は、当然、この正当性を明らかにする理論的知識に絞られることになる。では、それはどのような内容の理論的知識でなければならないだろうか。

(イ) 選択目標の明確化

大衆組織の発展を支える理論のうち、正当派理論オルグが伝えねばならぬ理論的知識の第一は、目標要因である。それも、現実目標・中間目標・理想目標の三種であることが多い。これはその目標達成のため、大衆を組織化しようとするのであるから、当然である。

(ロ) 選択目標の正当性

ついで以上の目標を選択、その目標を達成しようとすることは、誰にも恥じることのない正当なことであるということをオルグ対象にわからせるため、これら目標の正当な所以を論理的に明確化できるような理論的知識を伝える。いうならば、この部分こそ、このオルグの中心的部分である。そのため、この部分に関する理論的知識はできる限り豊富で、かつ精密詳細であると共に、その論理的展開にも矛盾・不一致がないよう努める必要がある。

(ハ) 目標選択戦略の明確化

次にこれらの目標を、何故階層化して選択したのか、その選択基準、早くいえば目標選択の方法を定める戦略を明確化する必要がある。何故現実目標として数ある目標のうちから、それらの目標を選択したのか、ついでその現実目標を手段とした場合、その手段によって実現可能となる目標として、その中間目標を何故選択することになったのか、あるいは更にその中間目標の達成を手段とする時の目的として、何故そのような理想目標が選択されることになるのか、その目標選択にあたって基準となったもの、つまり、目標選択の戦略を明らかにする。この戦略に何を採用したかは、理論の性格を決定することになるので重大である。

㈡ **戦略の正当性**

最後は、このような戦略を選択した理由の正当性を明らかにする。これによって他の戦略を選択するより、この理論のなかで選択されている戦略の正当性に自信を与える。

(4) 訴求力強化要因

正当派理論オルグでは、以上四種の要因から構成されている理論をオルグの相手に伝えることを中心とするが、それはオルグの基本公式からすれば、第二公式・第三公式を使用したことになる。その点で、純合理的に考えれば、これだけの理論内容のものさえ伝えれば、それでよいようなものであるが、それでは必ずしも訴求力の点で充分といえない。そこで、このような内容の理論に加えて、訴求力を増すために、次のような情報を加えるとよい。

㈠ **歴史解釈**

これは前述正当性の理論内容のなかで、主張した目標達成が、確実視できることを受け手に思わせるものである。つまり歴史的事実について、それらの事実が将来目標達成の可能なことを歴史的必然の法則として予言できるとの解釈をしてみせ、それを理論の内容につけ加えるわけである。つまり、歴史的事実を主張の証明として利用するような操作を行っておくことである。こうすることで、正当性の理論のもつ訴求力が大となる。

(ロ) **問題提起**

これはひとつに、前述目標として提起したものの魅力づけあるいは戦略の正当性の訴求力を強化するためのものである。オルグの基本公式第一を、そのためここに利用するわけである。具体的には、次の要因を使用する。

(a) 大衆の欲求とその正当化

前述の目標実現によって大衆が満足できる欲求のうち主要なものを拾い出し、そのような欲求を大衆が持つことは、人間として当然であることを理論的に説明する。

(b) 阻害要因

だがそれら人間として当然な大衆の欲求が、今日大衆が生活している社会では充足を阻まれている。その欲求を阻むような要因が社会に存在すること、およびその要因の存在のため大衆の欲求が充足されていないことが、現在の社会の問題であるとして、ここに問題点を提起する。

(c)　促進要因

この阻害要因を排除し目標達成の必要性を痛感するような情報を送るわけであるが、それに加えて欲求充足を促進するような条件のあることも付加し、これにより戦略の正当性を保証する。

(5)　反論・異論の提示

なお正当派理論オルグの場合、できればオルグが伝える理論内容について、それがいかにも客観的妥当性があるという感じをオルグの対象に与え、伝えたことの信憑性を増す必要がある。そのためには、伝えた理論内容に対し、反論があることも紹介、あわせてその反論の誤りを指摘しておくのがよい。この反論は、敵対理論がある場合、敵対理論の信奉者側からの攻撃が予想される部分である。それ故正当派理論オルグにおいて、この反論とその誤りを指摘する情報を伝えることが、受け手に防衛の気構えまで育成することとなる。

では反論をあげるとして、伝えた理論内容を構成する要因のうち、どの部分について反論をあげるのが、オルグとして一番効果があがるだろうか。次に反論をあげて効果のあがる部分を列挙しよう。

(イ) **戦略に対する反論**

戦略ではそれ以外の戦略を主張するものがあることを指摘、その戦略を提示する。もし戦略を異にすれば、目標達成のためにとる手段および現実目標・中間目標の選択も異るので、オルグの伝えた理論の正しさを証明するには、この部分についての反論をあげ、その誤りを指摘するのが一番である。

(ロ) **歴史解釈に対する反論**

歴史の解釈に関しては、当然いろいろの異った解釈が成立する。だが理論オルグの場合、歴史解釈の情報を加えるのは、それにより理論の正しさを証明する補助材料として役立てるために過ぎない。それ故異った歴史解釈があっても、そのすべてを伝える必要はない。敵対理論の立場から、同じ史的事実について異った解釈のあることを指摘、その誤りをただせばよい。

(ハ) **問題提起に対する反論**

問題提起も異った提起の仕方ができる。ことに敵対・対立する立場からではものの見方が異り、現実認識が違って、当然問題提起の仕方も異ってくる。問題提起が異れば選択目標も異る。そこで、問題提起の仕方についても異った立場から、異った問題提起の仕方があることを指摘、それが誤まっていることを明らかにすればよい。

(6) 反論の仕方

ところで反論を示すのは、反論の誤りを指摘することでオルグが主張する理論知識の正しさ、つまり客観的妥当性を明らかにするためである。故に正当派理論オルグの場合、反論をつけ加えるからには、その反論を反駁する情報を必ずつけ加えておいてこそ効果があがる。オルグが反駁できそうもない反論がある場合、オルグとしては、それをオルグの相手に告げないことが札かくしといってオルグの定石である。

だがここでは、オルグとして反論の誤りを正す方法の基本を明らかにしておこう。

(イ) 戦略に対する反論の反駁法

これにはいくつかの方法がある。ここではそのうち、主要なものを若干指摘しておくことにしよう。

ひとつは、その戦略をとる時、大衆が蒙る犠牲の程度がどのくらい大であるかを推定することである。犠牲が大であるかも知れぬ戦略は、大衆のためにとることができぬと反論する。

今ひとつは、その戦略で果して障害を排除して目標達成が可能であるかどうか、その可能性の保証として何があるかを問うことである。その結果、目標達成可能性の保証が極めて少い事実を指摘することで、戦略に対する反論を反駁することができる。

(ロ) 歴史解釈に対する反論の反駁法

この場合は反論の歴史解釈が、極めて一面的な見方であるとか、その歴史解釈では矛盾するような史的事実を指摘して反駁することができる。つまり歴史解釈の根拠としているものを突き崩すわけである。

(ハ) 問題提起に対する反論の反駁法

これは問題提起の根拠となっている反論の現実認識の仕方が誤っていることを事実をもって指摘すれば充分である。つまり現状認識の仕方が、極めて異常であるとか、一面的に過ぎ、妥当性を欠くことを指摘するとか、観念的であるということを証明すればよいわけである。あるいはまた反論で主張する問題提起と異った問題提起の仕方も可能なことを明らかにし、反論の問題提起が必ずしも正しいといえぬことを示すという方法もある。

以上反論に対する反駁の仕方を述べたが、反論に関しては、以上の反駁の仕方のどれかをつかって反駁し、それを受け手に伝える情報に加えるとよい。

(7) 理論要因提示順序

以上で正当派理論オルグにとり組む際、オルグ対象に伝える必要のある理論を構成する要因が明らかになった。だがそれが明らかになっただけでは、まだ実際にオルグのやり方がわかったというわけにいかない。実際にオルグ活動を展開する場合には、これらの要因をどのような順序で配列提示すればよいのか、提示系列が明らかにならなければならぬ。

もっともこの提示系列に関しては、どの要因をどの順序で配列提示すれば、どのような効果があがるかという点についての科学的研究が始められたばかりである。したがって、提示順序について原則的なことは何もいえない。もっぱらオルグのオルグする時の勘に頼らざるを得ないのが、今日の現実である。ただ立論の便宜上、次のような提示順序のパターンが考えられる。

① 出会いの話しかけ
② 現状認識による問題提起
③ 現実目標の策定と正当化
④ 中間目標の明確化と正当化
⑤ 理想目標の明確化と正当化

⑥　目標選択と目標達成手段選択（戦略）の正当化
⑦　歴史解釈による裏付け
⑧　戦略に対する反論
⑨　現実認識に対する反論
⑩　戦略に対する反論反駁
⑪　現実認識に対する反論反駁
⑫　帰結としての主張の正当性と大衆組織化のすすめ

以上のほか、次のパターンも考えられる。

①　出会いの言葉
②　理想目標の提示と正当化
③　理想目標達成の手段として中間目標の設定と正当化
④　中間目標達成の手段としての現実目標の設定と正当化
⑤　戦略の明確化と正当化
⑥　歴史解釈による目標の正当化
⑦　現状認識と問題提起

⑧　再度現実目標の正当化
⑨　戦略に対する反論と反駁
⑩　歴史解釈に対する反論と反駁
⑪　現状認識に対する反論と反駁
⑫　帰結としての現実目標の正当化と、大衆組織化のすすめ

後者のパターンの方が理論家むきである。

(8)　一人獲得と大衆組織の拡大

正当派理論オルグは、オルグ活動の方法という観点のみからみると、大変欠陥がある。このように断言する理由は、大衆の組織化がどのような場合発展するか、その発展の条件を考えてみれば、たちまち明らかである。

大衆を組織化する活動が発展するためには、一人獲得といって、ひとりがひとりをオルグしたならば、オルグされたひとが、また他のひとをオルグすることができなければならぬ。今この調子で獲得が進むとして、最初ひとりのひとが、二人のひとをオルグすることに成功したとする。そうすると、この二人が自発的に、それぞれ他のひとふたりをオルグすることになる。

今最初にひとりのひとが、二人のひとをオルグした段階では、三人であったものが、オルグされたふたりが他の二人をそれぞれオルグした段階では総勢七人となる。つまり、一人獲得では一―三―七という具合に、幾何級数的に増加する。ねずみ算式といった方がわかりが早いかも知れない。大衆組織を発展させるためには、オルグされるものが、この一人獲得で幾何級数的に増加していくこと、それが何より必要な条件である。

だがこの一人獲得の幾何級数的増加が可能になるためには、人間心理の働きからみて、その前提となる条件がある。その前提条件とは、今ひとりのひとにオルグされたひとがあると、そのひとが自分がオルグされたと同じような方法で、自発的に他人もオルグしないでいられないという気持に迫られ、ついオルグしてみるという行動にでることが、まず必要である。一方、そのひとのオルグ対象となるひとが、よろこんでオルグされるようなものであることも必要である。オルグされるひとがオルグされることに、激しく抵抗するようなものであると、オルグする側が、いかにオルグしようとあせっても困難である。

加えて一人獲得は、ある程度獲得の量が増大すると、その後は大衆感染といって、バスに乗りおくれまいとする心理が大衆に働く。この大衆感染が作用し、組織化の速度が加速される。壁新聞など、見たものでないと情報が持てない。誰も知らないことを知っているひとは、それをひとに告げたいし、知らぬひとは知りたい。その結果たちまち情報が伝播されるのである。だが果して正当派理論オルグは、このような条件を備えているだろうか。

(9) 正当派理論オルグと一人獲得の困難

正当派理論オルグの場合、道具として使用する理論は殆んどの場合、学者・研究者など高度の知的作業に従事する専門家にしてからが、お互いにその理解の足りなさを非難しあう程、その理解に高度の知的作業を必要とする。知的作業を専門職業として生活していない大衆にとってみれば、この理論等を真に理解することなど、大変困難であると同時に、それを理解するために時間を消費する生活のゆとりもない。

理論が本来このような性質のものであるとすると、たとえオルグが専門学者・研究者から理論についての講義を受け、論文を読み、理論学習をしたところで、その真の理解に達することはなかなか困難である。よく理解できても、それが正しい理解なのかどうか不安である。ひとは誰しも、自分がよく理解できているかどうか不安なことを、他人に自ら進んで伝達することはなかなかできないものである。質問を厳禁するという条件の場合ならいざ知らず、そうでない限り、自分が伝えたことに対して質問され、答に困ることなどあると恥をかく。誰しも恥をかき自我が傷つくのを嫌がる。このため、自分こそ理論をよく理解できていると思いこんでいる自信過剰の無知な人間以外には、たとえ理論学習を重ね、理論を深く理解していると思っても、その理論を使用して他人を説得しようなどという気持がなかなかおこらないものである。いやそのような気になれぬひとこそ、正常な人間である。

理論が本来そのような性質を持つものである上に、専門職業としている学者・研究者以外に、理論的な話を聞くことは、誰しも好んですることでない。漫才・落語を聞くのと異って、理論的な情報を聞き理解しようとすれば、知的作業を継続することが必要であるから、心理的緊張を持続させねばならぬ。緊張が心に生ずると、その緊張を解消するため、ひとは我知らず無意味行動に出るくらいであるから、緊張の持続を人間は嫌がる。これでは理論を道具にオルグしようとしても、その気になっているひと以外、よろこんでオルグの対象になろうとするひとはいない。また理論でオルグされたにせよ、よくわからぬことの多い理論をもって、他のひとを更にオルグしようなどという気持など容易になるものでない。

⑽ 正当派理論オルグ以外のオルグの必要性

以上のようなことが明らかになってくると、正当派理論オルグは大衆向きでない上、何よりも大衆組織を発展させるために必要な一人獲得の条件に適さぬものであるといえる。況んや大衆感染など期待薄である。これでは正当派理論オルグのみで大衆組織を拡大発展させることができないこと、誰が見ても明らかである。

では理論オルグなど、大衆を組織化するために全く不必要なものかというと、決してそうでない。その理由はおよそ次のような人間の行動に関する心理的メカニズムによる。

人間は行動するにしても、一般に無意味な行動をすることを好まない。もちろん欲求が阻止された時、思わず無意味行動に出てしまうことがあるが、そうでない場合、無意味な行動は生起しがたいものである。一方意味がわかれば、行動に出易い。ことに意味に価値を見出せば、自己を犠牲にする行動にさえ敢えて出る。

ところで大衆を組織化するという活動のなかには、まず実践から生れたものが多い。それにもかかわらず実践が進行、大衆の組織化が進む過程で、それを正当化する思想およびその思想を構築する理論が生れるのは、大衆を組織化する行動に意味を付与するためである。

さて、そうであるとすると、オルグする場合にもオルグの対象にとって、その大衆組織に参加して組織活動することは、どんな意味をもつことなのか。それがわからぬ限り、容易にオルグされるものでない。ここにオルグするもの、されるものが、共に行動に出るには、行動の意味である理論を知っていなければならぬという条件が生れてくる。オルグするのに理論を必要とする所以はここにある。

だがそうかといって、行動生起に必要な意味は、何もそう高邁な抽象的に理論化されたものであることを必要としない。いやそのような抽象的な意味では行動が生起しない。行動生起に必要な意味は、遙かに具体的な理解容易な意味であることが必要である。ここに理論オルグのなかでも、正当派理論オルグと異った方法によるオルグを必要とする理由がある。

(11) 大衆用理論オルグの特徴

今このような要請に答えるものとして考えられるものが、ここでいう大衆用理論オルグである。このオルグの場合は、大衆に大衆組織に参加する行動に出ることの意味をできる限りわかり易い形で、直接具体的に説明、その意味を大衆が理解することで大衆組織に参加する行動に大衆が出ることを狙うものである。

そのため、理論構成も極力抽象性をさけ具体的現実的にする。目標要因にしても、抽象度の高い理想目標はさける。それよりも実践目標を中心におく。また目標の正当性を明らかにするよりも目標達成の必要性を強調する。必要に迫られて目標を達成しようとするのだから、その目標達成の行動は正当であるという必要性＝正当性というのが、この理論オルグの場合の正当化の論理である。

　この必要性の論理が優先するところから目標達成のための手段である戦略・戦術の選択にあたっても、まず大衆の払う犠牲が最小化の方向にあることが第一となる。なお、犠牲を最小化し、獲得しうる報酬は最大化となるような手段を戦略・戦術として採用しようというのが大衆の心理である。そのため選択する戦略・戦術が論理的に正当なものであるかどうかは、殆んど問題とならない。以上の犠牲最小化・報酬最大化の必要性の線に沿う戦略・戦術さえ採択していれば、その戦略・戦術は正当なのである。

　以上のようなわけで、大衆用理論オルグの場合、正当化の理論等、殆んど無用である。当然正当化の理論を証明するための歴史的解釈等、さらに必要としない。だがその半面、目標達成を感情的に確実視できるような材料が、たとえ比喩でもよいから加えられている必要がある。

　このような条件の下に構成されているのが、大衆用理論オルグで使用する理論の特徴である。それだけに、この理論の構築は学者・研究者を必要としない。いや学者・研究者ではできないものであり、現実に実践活動をしているひとにして、始めて構築可能なのである。それ故、このような理論を道具に使用するオルグは、組織の無関心層、あるいは未組織無関心層に対しても、かなりの程度、共感を呼ぶことができる。また関心層を公然化させるのにも、役立つことが多いといえる。

⑿　大衆用理論オルグのやり方

では大衆用理論オルグは、具体的に行う場合、どのようなやり方をすればよいのだろうか。このオルグでは、オルグの基本公式、第一・第二・第四を利用し、次のような段階の手順を追って行う。

第一段階　まず出会いが勝負どころと思わねばならぬ。この時オルグの相手からオルグが悪感情を抱かれるようになると、このオルグは失敗である。そのため、出会いの際、オルグの対象に対する呼びかけ方を始めとして、オルグの対象となってくれたことに対する感謝の言葉を必ず挿入し、できれば対象者を笑わすよう努力する。

第二段階　実践目標を明確にかかげ、その達成を主張する。

第四段階　現状分析を行い、そのままでは大衆の欲求の満足が阻害され続けるであろうこと、それによって蒙る大衆の不利益や犠牲を予言する。

第五段階　実践目標を再び提示、この目標達成の時予想される大衆の欲求満足の状況を誇示する。なおこの実践目標実現が、現実目標の達成および中間目標ならびに理想目標を達成する一里塚であると説き、展望を与える。ただし何故実践目標が、これら上位目標の達成につながるかの論理的展開は省く。

第六段階　実践目標達成の戦術を明示、そのためには大衆組織化の必要を説く。ただし戦術として採択した手段が、他の戦術を採択した場合より、大衆が蒙る犠牲がいかに最小化の方向にあるか、実例をあげて強調する。

第七段階　ここでは、以上の理由で大衆を組織化することが必要なのだが、多くのひとは、自分達は大衆を組織化するために余暇を潰してまで活動をする等の犠牲を払いたがらぬ。それでは何時までたっても大衆を組織化できないし、現状を打破して目標達成できぬので、犠牲を敢えて払って活動に参加して欲しいと結論し、使命感を植えつける。

以上は大衆用理論オルグのひとつのやり方である。このオルグ活動の中心は、第四・第五・第六段階で、これならば特に深い理論的知識を持たなくともオルグできる。

第七章　感情オルグの技術

(1)　感情オルグの特徴

オルグの方法のなかには、専らオルグ対象者の感情に働きかけ、対象者を強烈な心的興奮状態に導き入れ、感情が高揚したことを利用して、オルグするというやり方がある。このようなオルグのやり方を感情オルグと呼ぶことにする。

この感情オルグでは、理論オルグの場合のようにオルグの伝える情報が、論理的に矛盾しないこととか、客観的妥当性があるとか、あるいは述べていること証明する確実な証拠が存在するといったことをあまり問題にしない。いやそれどころか、論理に飛躍があろうと、矛盾・不一致があろうと、客観的妥当性を欠いていようと、そのようなことをあまり気にしないで、オルグはひたすら、オルグの相手の感情に衝撃を与えることを狙うのである。したがって、感情オルグの場合、そこで重視されるのは訴求力より衝撃力であり、また正当性の論理よりも、必要性と感性との論理であるということになる。

この方法は、理論オルグのようにオルグ対象に知的作業を強いるものでないだけ、知的作業を継続することを好まない未組織無関心大衆や組織内無関心大衆をオルグする時、大変効果があがる。そのほか関心層・活動家に対しても、これらのひとを大衆興奮させ、活性化しなければならぬ時、最適である。またこの方法は、オルグ対象が個人やグループである場合にも勿論使用できるが、それよりも大勢の場合、殊に組織に関係のある講堂・大教室・食堂・体育館・広場などの施設内で組織化大衆を相手にする場合、あるいは時間的制約から短時間のうちに見知らぬひとをオルグしなければならぬ街頭オルグ等の場合、その効果を期待することができる。

ただし、その反面、論理に飛躍・矛盾・不一致があったり、充分な確証がなかったり、あるいは理論的内容が乏しかったり、時に手前味噌のみならべたてる感がしないでもない。そのことは、オルグが説くことに対し、支持・同調するひとには快よく迎えられ、活性化につながるものの、敵対理論の信奉者・シンパ・敵対組織に組織化されている大衆の多く、あるいは組織内批判者などの場合、手前勝手なことのみいっているという具合に受けとられ、かえって強い反発を招き、ますます敵対心を盛んにさせるおそれが多い。それなりに、このオルグのやり方は相手に対し注意する必要がある。

(2) 感情オルグの基本型

感情オルグのやり方には幾通りかの方法がある。そのなかでも基本型は大衆用理論オルグをモデルにし、それに多少の変容を加えたものである。

第一段階　出会い、これは大衆用理論オルグと同じ

第二段階　「われわれは今何を為すべきか」という問いかけで始め、その問いに対する答えとして、単刀直入に理由等ひと言もふれず、現実目標、ついでそれを達成するための実践目標をあげ、最後にそのためには、組織拡大・団結強化の必要を叫ぶ。

第三段階　現状分析をし、圧殺されている大衆の欲求を指摘、圧殺している阻害要因を列挙、それを打破することで、前述の実践目標達成が可能となることを力説。

第四段階　阻害要因排除、実践目標達成の戦術を披露、その戦術の根本には組織拡大・団結強化のみしかないことを強調する。

第五段階　帰結である。ここで「今我々が為すべきことは何であるか明白となった」「それは」と再び実践目標を提示、その目標達成の障害を打破するため、再度、団結・組織拡大の必要性を強調、「さあ立とう」という類の気合を入れて終る。

なおこの際、各段階における論述には、①「札かくし」といって、論理を進める上に都合のよい事実のみ拾い、都合の悪い事実は一切きり捨てる。②「ハーフ・トルース」といって、真実が少しあれば針小棒大に誇張する。③「価値付与」といって、目標を達成するためとろうとする戦術は美化した表現を用い、④価値剝奪といって、目標達成の障害となるものは、悪い感じを与える言葉で表現、⑤「バスに乗り遅れるな」の心理をかき立て、オルグが主張することに従わぬものは損をする。そのため、大勢のひとがわれもわれもと従っているようなイメージを与えるよう心がける。

以上が感情オルグのやり方の基本型である。これを大衆の前で行った時、アジ演説となる。勿論その内容を更に省略、最小限必要な部分のみ残してこれをつなげば、街頭オルグの際のアジ演説となる。いずれにせよ、論理の飛躍・矛盾・誇張等を気にせぬこと、それがこのオルグの秘訣である。

(3) 大衆興奮のための心理装置と技術—その一—

だが感情オルグを行う場合、相手が個人である場合は別として、少し大勢の大衆ともなると、余程アジ演説のベテランでない限り、僅かひとりの人間の弁舌で大勢のひとの心に衝撃を与え、このひと達を心理的興奮の極限に追い込むことはむづかしい。そこで感情オルグの場合には、聴衆の心理的興奮を助成するため、アジ演説を行うオルグ以外に、いろいろの装置を用意する必要がある。

(イ) ハンド・クラッパー投入と任務

これは聴衆のなかに、聴衆が気がつかぬようにハンド・クラッパーを分散配備しておくことである。ハンド・クラッパーとは、オルグのアジ演説の最中、要所要所で拍手を送り、あるいは支援のヤジを送るひとのことを指す。つまり早くいえばサクラである。

ただしこのハンド・クラッパーは、アジ演説の際むしろ主役で、それに比較すれば、アジ演説を行うオルグは火つけ役に過ぎない。

何故ならハンド・クラッパーの任務は、自分だけが支援のヤジを送ればよいというものでなく、そこに集合している聴衆のすべてが、そのヤジにつられて、ついわれ知らず支援のヤジを送るようにしなければならぬからである。このためには、当然準備訓練が必要となる。更にアジ演説も、何処と何処で、どのように支援のヤジを送るか、演説担当オルグと協議してシナリオを作成、リハーサルを重ねておくことが望ましい。

また時として反対のヤジがとぶこともある。このような場合に備え、ハンド・クラッパーとしては、反対のヤジが出た時、それを抑圧するヤジの手法も考え、その訓練をしておく必要がある。その上、ハンド・クラッパーが統制ある行動に出るには、ハンド・クラッパーのなかにリーダーをおき、このリーダーが聴衆に気づかれぬようヤジの仕方のなかで他のハンド・クラッパーにサインを送り、ヤジの指導が可能なようにしておくことも大切である。

また会場で、シラケるような不測の事態が発生した時、そのムードを一掃、興奮を盛りあげるような手だてを、ハンド・クラッパーはあらかじめ準備し、訓練しておく必要がある。

このようにハンド・クラッパーのひと目に気づかれない活躍があってこそ、始めてアジ演説の効果があがる。これはハンド・クラッパーの人数こそ違え、街頭オルグの場合でも同様である。

(4)　大衆興奮のための心理装置と技術―その二―

(イ)　成極化

アジテーションの機能は、オルグの主張をその通り受け手大衆が受け入れるよう、オルグが大衆に暗示をかけることにある。そのためには、受け手大衆の側の被暗示性が昂進しているとよい。そのために採られるのが成極化という方法である。成極化とは大衆の注意が常にオルグただひとりのみに、集中してむけられるようにすることを指す。

成極化のためには、大衆相互間の話しあい等できない状況をつくり出し、オルグのみに注意がむけられる状況をつくればよい。たとえば、大衆の席をまっくらにし、お互いの顔をよく見えぬような状況のなかで、アジ演説を行うオルグのみにスポット・ライトをあてるというのなど、一番手軽な演出法である。この場合、ハンド・クラッパーによる支援のヤジは、大衆を巻き込むことも容易となるという利点もある。

(ロ) 威光暗示

オルグが自分の力だけでなく、自分以外の他の強力な力の援助を借り、アジ演説に信憑性を持たせることを威光暗示という。たとえば、オルグが遙かに高い台上に立ち、大衆はこれを見あげなければ、アジ演説中のオルグが見えないようにするとか、あるいは運動の途中で倒れた先輩の遺品を持ち出して、これをかざしながらアジ演説を行うとか、あるいは権威のシンボルとしてよく使用されるものを背後におくとか、敵のシンボルを大衆の前で力強く粉砕するとか、合間に太鼓ホラ貝の類を打ち鳴らしたり吹くとかといった小道具をつかうことがそれである。

以上はアジ演説の効果をあげるため必要なごく基本的な原則をあげたものである。この原則を有効に使用、アジ演説の効果を促進するためにはオルグ以外に演出係をおき、この演出係に予じめ創意工夫をさせて、アジ演説の効果をあがるよう演出を計画させることが必要である。

(ハ) **省略**

また話が微に入り細をうがつという具合にくどいとか、説明部分が長すぎると感情的衝撃力が弱くなる。そこで多分聞き手が知っているだろうと思うこと、あるいは知らなくても、知らせるために説明を長くする必要がある部分は、「皆さん御存知の」と大胆にカットする。こういわれると、知らないのは自分だけで、知らないことがわるいような気がして、聞き手は無理にでもわかった気になる。

(5) 恐怖喚起アッピール

感情オルグの技術のひとつに、恐怖喚起アッピールと呼ぶ手法がある。これはオルグがオルグの対象に、強い恐怖感をおこさせる。結果としてオルグの対象は、この恐怖から逃れたい気持で一杯となる。その時逃げ道としてはオルグされることただひとつだということを示し、それによってオルグの成果をあげようとする手法である。

大衆用理論オルグの場合でも、アジ演説の場合でも、当初問題提起の形で危機を訴えることがある。その点から考えると、この恐怖喚起アッピールはその変形で、危機感を強化したものといえないこともない。

だが、この恐怖アッピールは、それらと根本的に異る点がある。それは大衆用理論オルグやアジ演説の場合に、危機を訴える場合、オルグが危機と呼ぶ何等かの合理的根拠がある。それにもとづいて、危機の到来を予言するのが、このオルグの仕方のたて前である。

しかし合理的根拠にもとづく危機は、勿論恐怖を伴うことが多く、それから逃れたい気持をひとに抱かせるが、その場合恐怖がおこったとしてもそれ程強烈でない。何故なら合理的根拠にもとづく危機については、また合理的なさける方法が見出されることが多いからである。

だが、合理的根拠のない、つまり非合理的な恐怖感は、人間にとって強烈である。何故なら、そのように非合理的な恐怖感は、合理的なさけ方ができないからである。第一、恐怖感などというものは本来非合理的なものであることが多い。そのため、恐怖感は、非合理的な理由から喚起されればされる程、増大するという性質を持っている。たとえば、核の問題にせよ、核の脅威があるにせよ、核戦略が合理的に策定されている間は、核戦争の危機があっても抑止力が働いている。この核が恐怖感を喚起するのは、合理的戦略の枠からハミ出し、核保有国が非合理的な行動に出るおそれがないといえないからである。

このように考えてくると、ここに恐怖喚起アッピールというのは、大衆用理論オルグやアジ演説における危機の問題提起と、一見類似しているようにみえるが、その実、根本的に異ったオルグの仕方であるということが明白となる。それは合理的には根拠がないこととして、一笑に付されるような非合理的な根拠にもとづく恐怖感を喚起させるのである。

(6)　恐怖喚起アッピールの効果

だが恐怖感について、以上のように説明を行うと、非合理的な恐怖喚起アッピール等、科学の発達していなかった昔ならいざ知らず、科学が発達し、万事が合理的となった現在、オルグの技術として通用するはずがないと考えるひとが多いかも知れない。だが、今日でもなおこの方法は、オルグの技術として極めて有効である。

たとえば、終戦直後、ある新興宗教は、「あなた幸せですか」と話しかけることに始まり、不幸を売りつけようとするオルグ方法をとった。オルグの相手が、反抗的に「幸せだ」と答えると、何度も不幸を押しつけた後、相手が怒り出し感情的となるや、オルグが「あなたが私のいうことを聞き入れないで幸せだと思っていると、近いうちに必ず罰があたります」といったのなど、この恐怖喚起アッピールのよい例である。しかもこのオルグ方法で急激に信者数を拡大した。

また近くは、核燃料の原料の生産に関連ある施設建設に反対したひと達が、頭髪のある顔写真とハゲ頭の顔写真とをならべたポスターをつくり、その施設が建設されると、そのまわりの住民は皆この写真のようにハゲになると宣伝し、宣伝効果をあげたという話がある。これも恐怖喚起アッピールが、今日に至るも矢張り効果をあげている例である。

人間の心理には、合理的思考と非合理的思考が共存しているといわれている。その証拠に今日でさえ、迷信・俗信の類が横行し、これが意外と人間の行動に強い影響力を及ぼしている。しかも科学が進歩すればする程、進歩した科学に対応して新しい科学的神話、科学迷信が生産されている。いや科学者ですら、専門分野以外では、結構非合理的な思考を平気で行っている。しかもひとは、この非合理的なもの、非合理にみえるものに、合理的なものに対する以上に興味を示す。たとえば、科学技術の所産であるテレビで、霊媒の番組が放映されたり、幽霊話や怪奇物語の番組が後を絶たないのも、このあらわれである。

以上のように考えてくると、いかに恐怖喚起アッピールによる感情オルグの方法が、非合理であるからといって、現実性がないといえない。いやこのアッピールによるオルグの方法は、それが非合理的なものであるだけ、より強力な衝撃力を発揮し、オルグの効果をあげるということができる。

(7) 恐怖喚起アッピールの構造

恐怖喚起アッピールの成否は、オルグがオルグの対象に、いかにして非合理的な根拠から生ずる恐怖感を喚起させることができるかにかかっている。では人間は、どのようにすれば非合理的な根拠にもとづく恐怖感を生ずるのだろうか。このオルグ技術を用いるには、この点についての調査研究が先行されねばならない。

勿論これについての科学的研究は、現在までのところ殆んど行われていない。だが従来からの知識から推理していえることは、人間が心的退行現象をおこした時、合理的思考の働きがおとろえ、かわって非合理的思考の働きが強くなるということである。たとえば戦争中、孤島にとり残され、玉砕の運命が明日にも迫っているような時、少し考えれば忽ち非合理だとわかるように話がまことしやかに伝えられ、上級指揮官の判断にまで影響を与えた例がある。あるいはあまり強烈な刺激がなく倦怠感を強く感じるような時、それから逃れようとして、非合理的根拠にもとづく恐怖感を期待する。先年まことしやかに伝えられた口裂け女北上の噂におびえる等、その例である。

このようなことから考えると、恐怖喚起アッピールを使用するには、オルグの対象を心的退行乃至倦怠に陥し入れることが先決である。実際問題として倦怠感を強く感じさせることは、オルグ個人の力でなかなかできるものでない。したがって、倦怠感に関する限り、オルグがそのようなひとを発見、そのひとをオルグする時にのみ、倦怠感を利用する恐怖アッピールが可能となる。

これに対して、心的退行現象の方は、強力な危機感、殊に生命の維持にかかわるような危機感を、オルグがたとえコミュニケーションによってであろうと、擬似環境として与えることができれば、生じさせることができる。そのような危機感を生じさせ、非合理的な恐怖を喚起した上、この方法はその恐怖から逃れる道がただひとつしかないことを示す。すなわち、それから逃れる方法は、オルグされることだといえば、理屈なくひとはオルグされることになる。

ところで恐怖喚起アッピールが、以上のようにして行うオルグ活動であるとすると、これは個人が小人数を相手とするオルグにのみ使用できる方法である。相手が集団の場合、大衆暗示か大衆催眠を使用しない限り実行できない。

(8) スケープ・ゴート設定法

アジテーション利用のオルグ活動のやり方のうち、今ひとつは、スケープ・ゴート設定法と呼ばれるものである。スケープ・ゴートとは、端的にいえば、いけにえのことである。したがって、この方法は、危機をいけにえのせいにする。それだけに弱少組織が、強大な組織に攻撃をかけ、組織内部に幹部批判の声をたかまらせることで組織を攪乱、その隙に乗じて組織拡大をはかるとか、あるいは大衆組織を拡大発展させるため、大衆に打倒しなければならぬ現実の目標を明確に意識させることにより、大衆の活性化をはかる等に効果のあがる方法である。今そのやり方の詳細を、次に述べておくことにしよう。

(イ)　**危機感の創出**

この方法によりオルグする場合、オルグがオルグの対象と出会う時、オルグの対象から好意化を獲得するように各種の工作をほどこすこと、他のオルグ活動の場合と同様である。この出会にひきつづき、オルグの対象に対して、大衆がこのままの状態では大変な危機に臨むということを告げる。

(ロ)　**転嫁の論理の使用**

次にこのスタイルのオルグ活動の場合、危機を生み出した原因の分析をしてみせることが大切である。しかも、その原因の分析は、必ずしも客観的真実を追求するという性質のものでない。予じめスケープ・ゴートに設定した人物に、危機の原因のすべてを押しつけることができるよう配慮して、そのような押しつけができる原因だけを、特に大きくとりあげる。したがって、このスタイルのオルグ活動では、いかにもっともらしく、危機の原因をスケープ・ゴートのせいに転嫁することができるかどうかが、成功・不成功を左右する鍵となる。

(八) スケープ・ゴートの悪のバクロ

だが、危機の原因を、単にスケープ・ゴートの責任に転嫁したのみでは、大衆をしてスケープ・ゴート打倒にむかわせる活力を結集するのに、まだ充分でない。つづいて、スケープ・ゴートの個人的悪をバクロして、その悪こそが危機の理由であるという形の責任転嫁を行う。

そのため、スケープ・ゴートの個人的悪を、道徳的・経済的・人間的などの諸側面から分析抽出する。たとえば、私腹をこやしているとか、私物化しているとか、裏切りであるとか、独裁を狙っているとか、性的にふしだらであるとか、といったことをあばく形をとってバクロし、そのために危機を招いたというように説明する。

なおこのバクロは、それによって大衆がスケープ・ゴートとされた人物に対して、強い憎悪の念を持つように仕掛ける必要がある。この憎悪こそが、スケープ・ゴート打倒に立ちあがらせる大衆の活力となるからである。

(二) スケープ・ゴートの打倒

つづいて、危機脱出の方法は、この憎悪のシンボルであるスケープ・ゴートの打倒しか、他に手法がないことを力説する。そのためには、大衆の力を結集する必要があり、大衆は力をあわせてスケープ・ゴート打倒に決起すべきことを強調する。今こそまさにその時であるかのように告げるが、なおその時決起しないものは、このスケープ・ゴートに味方し、仲間を裏切るものだという意味のことをつけ加える。

㈭ **確認**

この形のオルグ活動の場合は、いい放しでは効果が少い。そのため最後に確認の行動で終ることが大切である。「では立ちあがろう」というような意味のオルグの声にあわせ、ハンド・クラッパーの支援の下に、それに応ずる声を大衆に一斉にあげさせ、打倒のための簡単なシンボリックな行動に皆が一斉に出るようにするとよい。

(9) 感情に訴えるいいまわし方

感情オルグの場合、オルグはオルグの対象者の感情に訴えるのであるから、訴えるための言葉のいいまわしも工夫する。そのいいまわし方について、ここで原則的なことを明らかにしておこう。

(イ) 接続詞の過剰挿入

普通の会話では、あまり接続詞を多く挿入すると、思考を充分進められないひとと思われ勝ちである。事実、子供や知識の少いひとがむつかしいことを無理していおうとしている場合など、次にいうべき言葉がなかなか浮んでこない。そのためどうしても、「そして」「それから」というような接続詞がやたらに数多く挿入されることになる。

そのため普通の話では、「そして」などという接続詞を用いることをできるだけ省略する。まして読者の感情に訴えることを主眼におく小説や詩などには、この「そして」などという接続詞は、余程特別の意図ある場合以外使用しない。

だが感情オルグの話し言葉のなかには、この「そして」という接続詞を意識してオーバー気味に使用する。そうすると、聞き手の感情に訴える衝撃力が、それを使用しない場合より、より強力になる。

たとえば、「彼は私利私欲に目のくらんだ悪徳漢である」というところを、「彼は私利に目がくらんだひとです。そして、私欲のひとです。そして、彼は悪徳のひとです」というように告げた方が、彼の悪を印象づけるにはより強力となる。

(ロ) 再表現

これは普通の話しとか文章で書く場合とかでは、ひと言でいえばすむところを、わざわざ冗長度のあるわかりきった言葉でくりかえすことを指す。たとえば、「私は彼の悪の事実を見聞きしている」といえばよいところを、「彼の悪を私はこの目で見ました。また彼の悪を私はこの耳できききました」という類である。

このように再表現すると聞き流されることがない。しかもわかりきったことを反復されるのであるから、嫌でもそれが重要な部分だという印象を聞くひとの耳に与える。したがって、感情に訴える場合、重要な部分は、冗長だと思っても再表現をする必要がある。

(ハ) 反対結合

形容詞は言葉の感情価を高めるものであることはいうまでもない。だがいかに形容詞が感情価を高めるための言葉であるからといったところで、ある言葉に対してつける形容詞には、慣行上一定のきまりがあり、あまりとび離れたものを結びつけないのが一般である。殊に言葉の意味が反対の感情を指すようなものは、結びつけないのが普通である。

たとえば、「おそろしくきたない」というかも知れないが、「おそろしくきれい」などとはあまりいわない。だが感情に訴える場合は、意識的にこの常日頃結びつかないものと結びつける。その場合、言葉の結びつきの意外性の故に、感情に与える衝撃力が増強される。スケープ・ゴートの悪をバクロする時など、「彼はロクな仕事もしたこともなく、遊んでばかりいた」というところを、「彼は真面目に遊んでばかりいて、熱心に仕事をサボった」というのである。

(ニ) 強調点反復

感情に訴える場合、予じめ何を強調するか、強調者とか強調語を定めておく、たとえば不潔とか背信を強調するとすると、話しのなかでことごとにこれを反復する。たとえば、「不潔のひと」「不潔の彼」「不潔の士」というような調子である。背信の場合もまた同様である。こうすると、この言葉のみが聞き手の印象に深く残り、理由はともかく、そのひとがそのようなひとに思われてしまう。反復は宣伝の常套手段である。

(ホ) イメージ語の使用

感情に訴える場合は、理論的説明は省略して、その感情を抱くようなイメージを聞き手にどうすれば与えることができるか、という点に専念すべきである。たとえば、「今これこれの理由で危機である」というよりは、「今やわれわれは、ノアの洪水以来の危機である」という類である。相手を評価する場合も、「不誠実な男」というよりは、「まむしのような男」と動物と対比した方がよい。

(10)　街頭オルグとオプニング・ショウの原則

次に街頭オルグについて一言つけ加えておこう。この場合は出会いより以前に、もっと重要な仕事がある。それは何かというと、オプニングのやり方である。もちろんそのやり方は、街頭オルグの際に適用するものと決まったものでもない。施設内オルグの場合も、そのやり方を借用し、オプニング・ショウをやったのち、オルグ用演説に入ったり、演説のなか程にショウを入れ、ひと息入れるとオルグ効果があがることが多い。

だが街頭オルグの場合、何分オルグの相手を通行人ないしオルグ実施地域周辺の居住者に限ることになり、その上それらのひとびとが街頭オルグの対象になることを、必ずしもよろこぶというわけのものでない。それどころか、なかには街頭演説など始められ、はなはだ迷惑だと感じているひとも少なくないといえる。

そのようなひとを相手にするのが街頭オルグだとすると、第一番に必要なことは、街頭オルグの場合、オルグのまわりにどうして大衆を集め、演説に耳を傾ける気をおこさせるかということである。これが巧みにできない以上、オルグが街頭で如何に演説を要領よくやってのけようと、オルグとしての効果が全くあがらない。

街頭オルグの場合、オルグのまわりにひとをあつめ、通行人の足を止めさせるにはいくつかの原則がある。オルグがオルグしようとする所にくる寸前やくると同時に、まずこの原則に沿ったオプニング・ショウを行う必要がある。それをオルグが恥しがっては、到底成果のあがる街頭オルグなどできるものでない。

では、その原則とは何か、次にそれを列挙し若干の説明を加えることにしよう。

(イ) 規格外の原則

通行人の足を止め、ひとびとに集まってもらうには、このひと達の注意をひくことが何より大切である。ではひとは、どんなことに注意をむけるか、ありふれたこと、よくおこること、あたり前のことには注意をむけない。犬がひとの足を噛んでも、あまり注意をしない。だがその反対に、滅多におこらないこと、変ったことは、すぐ注意をむける。ひとが犬の足に噛みつけば、たちまちそのまわりにひとだかりができる。したがって、街頭オルグの際のオプニング・ショウの原則の第一は、規格外の行動・動作・服装・道具立・持物・飾り、その他のシンボルを用いることである。

(ロ) 価値付与の原則

では規格外であれば、何んでもよいかというと、そういうわけにはゆかない。ひとに不快感を与えたり、汚い感じ、乱れた感じを与えるものであってはならない。価値付与といって、価値があるように思われるものでないと、ひとは足を長くとめようとしないし、あつまってもすぐ散り散りとなる。したがって、清潔感のあるもの、力強い感じを与えるもの、優美なもの、上品なものである必要がある。

(ハ) 正当化の原則

その上、ひとは、わざわざ足をとめ、見聞きしても、そうすることでやましいとか恥しいとか感じるようなものであってはならない。反対に長くとどまって、見聞きしているのをひとに見られたところで、堂々としていられるどころか、他人をも見聞きする仲間に、正々堂々とひっぱりこめるだけの正当性のあるものでなければならない。

(ニ) 動きを伴うこと

ひとは静止しているものに対しては、あまり注意することがないが、たとえ注意してみてもすぐ飽きて注意しなくなる。つまりひと目見るために一寸足をとめても、すぐはなれてしまう。これでは街頭オルグのオプニング・ショウとしての役割を果せない。そこでこの場合は、動きを伴うものであること、更にいえば、その動きがリズミカルに次々と変化するものであること。そのようなものの場合、動きが変化を続け、ワンランド終るまで、ひとはつい足をとめ、見てしまうことが多い。

かつて中国の昔、武技を舞踊の形にして一手一手を連環させ、若いきれいな男女によって、これを街頭で演武させ、それに幽玄な音楽をあわせ、ひとあつめをするということがかなり行われたという。これなどは、さすが中国で、以上の四原則のすべてを満足したオプニング・ショウを行ったということになる。その点、日蓮宗の辻説法で、うちわ太鼓を鳴らしつづけるオプニング・ショウもよいが、中国の場合は、更にそれを上回っているということができる。この四原則を利用したオプニング・ショウを街頭オルグの場合、もっと数多く考えるべきである。

第八章　個人オルグとその技術

(1)　個人オルグとその特徴

個人を相手に、お互いに顔と顔をつきあわせる面対面の関係で膝を交えて話しあいオルグする方法を、個人オルグと呼ぶことにする。この個人オルグは、理論オルグ・感情オルグなど、いずれのオルグ技術を使用する場合にせよ、オルグ活動の原型である。何故なら、この型のオルグ活動の場合が、一番オルグ効果をあげ易いと思われているからである。

事実、個人オルグの場合、相手に行動変容を生じさせ易い理由がいろいろある。オルグとしては、その理由を知り、その知識をフルに活用することが、また個人オルグの効果をあげることになるので、その理由を箇条書きに列挙しておくことにする。

(イ)　面対面の関係で話しあう時、これをパーソナル・コミュニケーションと呼ぶが、その場合のコミュニケーションに使用する媒体を、とかく一般のひとは音声による言葉のみと考え勝ちであるが、私達はこのような時、無意識的に、お互いに身振り・表情・動作等の感覚を使用している。つまりパーソナル・コミュニケーションでは、言葉として音声以外に音声でない感覚言語を使用し、これにより音声言語を感覚言語で裏づけ、コミュニケーションを強化したり、あるいは音声言語で伝えづらい内容を、感覚言語で伝えたりしている。このため、パーソナル・コミュニケーションの時、お互いの理解が深まる。

(ロ)　このコミュニケーションでは、お互いが自らの伝えた情報内容に対して、相手がどのような反応をするか、それに伴って、この反応に応じて、次に送る情報内容を修正するフィード・バックが可能になる。いい足りないと相手の反応から感じた時補足し、いやな感じを相手に与えたと思えば、次に修正の言葉をいえばよいなどがそれである。

以上のようなことができるので、パーソナル・コミュニケーションの場合は、他の媒体を使用しなければならぬ時より、遥かにコミュニケーションの効果があがる。故にオルグがオルグの相手に、行動変容をおこさせるよう刺激を送るコミュニケーションに適している。

(2)　パーソナル・コミュニケーションの効果

パーソナル・コミュニケーションは、以上のような特徴を持っているため、今日社会心理学による実験的研究では、次のような事実がわかっている。その事実とは、印刷文書やラジオ・

テレビ・マイクなどの電波媒体等、大衆を相手に情報を伝達する大衆媒体を使用して、意見や主張を伝えた時の効果に関するものである。

その結果、送り手の伝えた意見や主張は受け手がその意見や主張を支持同調する活動に既に出ている時、その支持同調行動をますます補強する。また受け手がその意見や主張に関心を持っているものの、その意見や主張に支持同調する行動に実際出ていなかった時、そのひとの関心を顕在化させ、現実に支持同調行動に出るようにさせる。ただし受け手が、その意見や主張等に、元来無関心であった時、大衆媒体によるコミュニケーションでは、受け手に何等の効果をあげえない。しかし、この無関心なひとが、何等かのサークルに組織化されていた時、しかもこのサークルのなかにいる意見リーダーが、意見や主張の支持同調者であった場合に限って、サークル・メンバーを、その意見や主張の関心層あるいは支持同調者に改変するということである。

では何故このような事実がおこるかといえば、サークルの場合、サークル内の意見リーダーとサークルのメンバーとの間で、相互にパーソナル・コミュニケーションが行われる。このパーソナル・コミュニケーションが、大衆媒体によって伝えた意見や主張を、相手であるメンバー全体に、より理解を深める補足作用をするからであると考えられている。

事実、このパーソナル・コミュニケーションのもつ効果が大であることは、他でも証明される。それは噂話である。この噂話の伝播力は大変強力で、しかもたとえその噂話が、誰がみても極めて非合理であると思われるものであっても、大衆の支持信用を獲得することが多い。幽霊話を始め、口裂け女の話等、そのよい例である。だがこの噂話は、パーソナル・コミュニケーションによって、はじめて伝達されることが多い性質のものである。これをみてもパーソナル・コミュニケーションが、如何に他のコミュニケーションとくらべて、強力な影響を受け手に与えるものであるか、その一端をうかがうことができる。そのような強力なコミュニケーション手段を使用するのが、個人オルグである。

(3) 個人オルグの注意点

個人オルグの効果をあげるには、このパーソナル・コミュニケーションの持つ効果を、充分発揮できるよう心がける必要がある。まず何をおいても、次の二点に注意することが、このオルグを行う場合のオルグ活動の基本である。

(イ) 第一点はオルグはできる限り、自分のつから音声言語以外に、感覚言語である身振り・表情・動作に注意し、それをオルグに役立てるようにすることである。相手に対し熱意を示すとか、迫力があるように感じさせるとか、信頼できる感じを与えるとか、そのようなことは、ひとつにかかって、オルグする時のオルグの身振り・表情・動作のやり方にあるということを自覚、その演技についても、つねづね心がけて研究しておく必要がある。

(ロ)　第二点は、オルグが自分が行う身振り・表情に伴うコミュニケーション活動ばかりでなく、オルグの相手が、オルグが伝える情報に対する反応として示す身振り・表情・動作をも、相手の音声言語と同様、注意してこれを観察し、その結果をフィード・バックして、その都度、相手の反応に即応した次の情報を送るよう、常に心がけているということである。相手の反応を無視して、オルグが自分の伝えようと思うことばかり、夢中になって一方的に伝えるやり方では、オルグの効果はあがらない。相手の反応をみてフィード・バックし、次のより適切な情報を送ることができるのが、このパーソナル・コミュニケーションを利用する個人オルグの特徴でもあるから、特にフィード・バックという点は、オルグとして注意する必要がある。

だが以上の二点を基礎にした場合、よりトータルな面で、オルグとして注意しなければならぬことがある。それはオルグが、以上の音声・身振り・表情・動作や話の内容などをひっくるめて、オルグの相手にあたえる人間としての印象である。この印象が相手にとって、悪いイメージを与えるようなことになる場合、オルグの行うオルグ活動の効果は、著しく減殺される。

殊に、第一印象の効果は重要で、初頭効果といって、これが悪いと、とかく後々まで悪い印象を与えるし、それがよいと後々までよい印象を与えることになる。故にオルグとしては、相手に自分がどのようなイメージを与えているか、常に第一印象について注意を要する。

(4) オルグと出会いの一期一会・一座建立

この印象を与えることに関する注意として、特に大切なのは出会いである。出会いは、相手に第一印象を与えることになるので、これこそオルグとしては、どのようなイメージを相手に与えることになるか、特に注意する必要がある。では出会いの際、オルグとしてはどんな点に注意すればよいのだろうか。

(イ) 第一点は、一期一会である。これは茶道の言葉で、相手とのその一回の出会いで、生涯を通じての親交ができるよう全力投球を行うことを指す。オルグの場合、最初の相手との出会いで、相手にこのオルグと一生を通じてかわらぬ交りを続けたいと思うような気持にさせるよう全精力を集中させることである。茶道では、一期一会の場になるよう、亭主である主人と客との人間関係を、その茶席でつくりあげることを一座建立という。オルグもこの出会いに始まり、オルグ活動が終了するまでの僅かな時間を、一座建立のつもりで活動すること、これが大切だといえる。

(ロ) 第二点は、この出会いの時、これを一期一会にするため、相手から好感をもって迎えられるようにすることである。人間は好意を感じるようなひととは長くつきあいたいし、そんな気持にさせてくれるひとのいう意見や主張は、前述の認知不協和の心理が働いて、聴き入れようとする気持になる。オルグの場合、個人の相手に理論オルグをしようが、感情オルグをしようが、相手がオルグのいうことを、まず聴き入れようとしない限り、オルグの成果などあがらない。故にオルグの場合、出会いでは、相手に好意をもたれるよう努力することが必要となる。

(ハ) 第三点は、オルグの場合、相手からオルグが好感を持たれるというだけではまだ不充分である。更に一歩進めて相手から信頼される必要がある。いうまでもなくオルグは、相手がオルグのいうことを単に受け入れるだけでなく、オルグのいうことを信用し、その信用にもとづき、オルグがいう通り行動変容をしてくれることを必要とする。そのためには、相手からオルグが信頼されること、これが何より必要である。このように考えると、個人オルグの場の一座建立とは、オルグと相手との間に、オルグ活動を通じ、出会いで信頼関係を確立するよう努めることである。

(5) オルグ本題に入るまでの準備作業

さて以上の諸注意を踏まえて、個人オルグのやり方を考えると、まず何をおいてもさけねばならぬ重大なタブーがあることに気がつく。そのタブーとは、理論オルグ・感情オルグいずれのオルグを行うにせよ、出会いの当初から、いきなりオルグ本論に入らぬことである。そのようなことをすれば、相手から嫌われ、オルグ場面から相手に逃避しようとする気持だけをたかまらせ、更に強い反発を招く。そこでどのようなオルグ技術を用いる場合にも、オルグ本題に入る前、次のような手順を踏んで、準備をしておくことが必要である。

(イ) 第一段階

リラックス。オルグとオルグの相手との間で緊張が発生していたのでは、人間の本性として緊張を解消したいという気持が強くおこる。そのような気持でいる相手に腰を据えて、じっくりオルグすること等できるものでない。そこで第一段階では、出会いの際生じがちなオルグと相手との間の緊張解消に努め、お互いの間にリラックスした雰囲気をつくりあげるよう努める。そのための手法としては、アイス・ブーレクといって、お互いが氷のような冷たい緊張した表情でいることを突き崩すことである。その手法としては、ユーモア・冗談を始め、軽い笑いを誘うような話を、常々オルグは準備しておき、これを出会いの始めに用い、相手を笑わせることが必要である。

(ロ)　**第二段階**

よい聞き役となる。相手がオルグに対して何かいいたいことがある限り、相手はオルグの話に耳を傾けようとしない。そこで相手の心のなかにオルグに対していいたいことがないよう、相手の心を整備する必要がある。このため第二段階として、オルグはよい聞き役となるよう努力し、相手がオルグ相手に話をしたがる状況をつくる。相手は話をすることで気持がよく、そんな気持のよい心的状況づくりに役立ってくれたオルグに好意をもつ。

(ハ)　**第三段階**

話をしているうちに、ひとはわれ知らず心の悩みを始め各種問題に言及することが多い。オルグとしては、それを知ることで、理論オルグの場合は理論的説明に、感情オルグの場合は感情操作をする上にそれを有効に利用することを考える。

(6)　聞き役の原則

よい聞き役であるためには、次のような原則を守って会話を進行させる必要がある。

(イ)　**浪費会話**

出会いの最初、特に話さなくてもよい話題、お天気の話、気候の話題、健康の問題、あるいは相手の趣味、好きな娯楽がわかっていればその最近の状況等を話題にした会話を行う。オルグとしては、このような話題について、話をできる限り引き出すように努める。これは一見ムダな、時間の浪費であるように見える。しかしこの無駄な会話によって、お互いの間にわだかまり勝ちな緊張を解消させると共に相手に話をさせ、オルグが聞き役にまわる関係を定着させる準備をする。つまり相手がオルグにむかって、話をする心の準備を形成させるわけである。

(ロ)　**相手の話の先まわりをさける**

浪費会話を進行し始める過程から、既に相手が話をしている場合には、相手の話の先、つまり相手が今朝のことを話しているのに、明日のことをオルグが尋ねるということをしないように努める。相手の話の先廻りをすると、相手は話ができなくなり、話をやめるばかりでなく、話の主導権をオルグが奪ってしまうことになり、せっかく相手が気持よく話をしていた気分をこわし、話の腰を折ることになる。結果として相手はいいたいこともいわなくなる。

(ハ)　**受け入れ**

相手が話をしている場合には、たとえオルグとして反対の意見を持っていたり、敵対する主義主張があるにせよ、あるいは好ましくないと思うことがあっても、絶対に「一寸待って」と中止させぬことが必要である。中止は相手に欲求不満を生じさせるばかりでなく、話をする意欲を失わせる。そこでオルグとしては、相手の話に対してはオーバーに、「うん」とか「ああ成程」という調子で肯定の合槌を打ち、受け入れることが必要である。受け入れを続けると、相手は自分の話をしていることを相手が熱心に聞いてくれ、承認してくれているという気持になるので話に熱を入れる。

(ニ)　**確かめ操作**

相手の話をところどころ確かめると、話す相手は熱心に聴いていてくれると思い、自然に話に熱が入る。確かめ操作としては、相手の話を半分おうむがえしすることに努める。

(7)　話がとだえた時の技術

相手の話がとだえた時、この時は聞き役として大変こまる。そのため、個人オルグの場合は、このような状況に陥入ることも想定、そのような場合に対処する技術を常に心得ておく必要がある。

(イ)　**二分間沈黙**

このような時、相手との状況にもよるが、オルグとしては、二分間の沈黙に耐えうるよう、常々訓練しておく必要がある。二分間というと極めて僅かな時間に思われるが、実際経験のないひとには、極めて長時間沈黙していたような気持になる。人間は他人と一緒の時、そう長い間沈黙できるものでもない。お互いの間に沈黙が続くと、何か話をしないと息苦しくなり、つい話し出す。オルグとしては、相手がそのような気持に追いこまれ、話すのを待つ。

(ロ) すれ違い話題

相手の話題がとだえた時、オルグが今までの話題と全く無関係な話題を突然提供する。その話題につられて、また相手が話し始めた時、前節の要領でまた聞き役にまわる。人間の会話では、ひとつの話題について、そう長く続けて話すことができない。その証拠に雑談の場合、常に話題が転々と変化している。そこでこの場合も、この人間心理を利用して、オルグの方から今までと異った話題を提供するようにして、相手の話を引き出すのである。ただし、今まで続けられてきた話題をかえ、思いきって異る話題を口にすることは、一般になかなかむつかしい。オルグとしては予じめ、相手とすれ違いの話題を、抵抗なく口にすることができるよう自らを訓練しておく必要がある。

(ハ) 感情に反応

相手の今までの話のなか相手が述べた事実より、その事実を述べている時の相手の感情に注意し、それを憶測する。つづいて、その憶測した感情と同じような感情になった時が他にないかどうか、あるとすればそれはどんな時か、その時の事態を尋ねてみる。これは、話がとだえたとしても、話をしている本人の感情は、そのまま継続していることが多く、その感情こそ相手がオルグに訴えたい中心テーマであることが多いからである。そのような場合、話がとだえるということは、話をしている相手が感情を伝える材料に不足を生じたことになる。そこで、そのための新材料を本人が探す糸口を与えるである。

(8)　カウンセリング技術との断絶

以上相手が話を続けているうちに、話のなかに含ませた、本人の悩み・葛藤・欲求不満・不安・苦痛・苦労を参考にして、オルグはオルグ本題に入る。だがその前に注意せねばならぬことがある。

それは以上の技法が、心理学における非指示的カウンセリングの技術を利用する点が多いところから、個人オルグのやり方と、カウンセリングと混同するひとが出てくることである。だがこれは大変な誤まりである。カウンセリングと個人オルグとは全く異る。個人オルグのやり方をカウンセリングと混同し、カウンセリングのつもりで個人をオルグしようとすれば、それはオルグの成果をあげるどころか、かえってマイナスとなる。

何故なら、非指示的カウンセリングと個人オルグとでは全く目的が異るからである。このカウンセリングにおいて、個人の口から各種の心の悩みをカウンセラーが引き出すのは、個人がその心のなかにある気づかなかった悩みを明確化し、それを自分の力で解決しようとする自己決定に達するよう援助するためである。そのため、相手をして自らをみつめるとか、自我の内奥に今までにない関心をむけるよう誘導するものである。

だが個人オルグの場合は、相手の関心を自我内部にむけるのでなく、社会にむけるのである。しかもカウンセリングのように、社会に適応する自分に、自分で行動変容するため自己決定できることを目ざすのでない。社会そのものを問題にする。つまり早くいえば、現在の社会は、とっぷりそのまま埋没して適応する社会でなく、何等かの意味で変革を必要とする社会であり、その社会変革の力を発揮するため、自分も組織の一員として組織の活動に参加するよう行動変容をおこさせることが、個人オルグの目的なのである。それを現在の社会のままに安住させたのでは、オルグをする意味がない。

カウンセリングが、現在の社会体制の変革を問題にする技法でないのは、この技法を開発発展させるための研究を続けている心理学者の殆んどが、イデオロギーに無知・無関心であり、あるいは社会変革についての関心を欠落していることをみても明らかである。

そこで明確にいえば、個人オルグの場合、この準備段階からは、カウンセリング技術ときっぱり断絶を必要とする。

(9) 悩みの大衆的解決

以上の準備段階において、もし相手から各種の心的悩みを持っていることを訴えられた場合、オルグとしては、それを無視して、直ちに次の段階で理論オルグへ進むようなことをしてはならない。それこそオルグするチャンスであるから、理論オルグは中止して、この相手の悩みを利用、不安を増幅させる感情オルグを行うか、心の悩みを相手自身大衆的に解決する気にさせるよう勧誘するかすることで、容易にオルグすることが可能となる。この場合、大衆的解決の方法として、相手を勧誘する場合の技法は、次のものがある。

(イ) **悩みの大衆的拡大**

オルグは相手の悩みに大いに共感を示した上、実はその悩みはあなただけの悩みでなく、自分も持っていること、いや自分だけでなく、他の大勢のひとも共有している大衆的悩みであることを例をあげて説く。

相手が驚き納得したところで、このままあなたひとりが単独でその悩みのため心を苦しめていたところで、それはますます心を悩まし、自分を崩壊へと追いやるだけで解決するものでないと予言する。しかもその予言を証明する例を数多くあげる。続いて、その悩みを解決するには、その悩みを共有する大衆が一致団結協力して、その悩みを生ずる原因排除に立ち上り、闘うことである。そのための組織が、オルグが進めようとする組織ゆえ、是非ともその組織に加盟するよう勧誘する。オルグされた結果、悩みに対し前むきに対応するようになったひとの例をあげる。

(ロ) 悩みの深化

これは悩みのあることを知ると、その悩みを更に深化させるように誘い込む方法である。その結果、始めてその悩みから相手を脱出させるのに、大衆的解決の方法をとらねばならぬことを自覚させ、それによりオルグに成功するという方法である。

以上は相手に現実利益を与える方法であるだけに、相手を容易にオルグすることができる。しかしこの種のオルグ方法でオルグされたとしても、大衆を組織化する活動の真の目的を理解してオルグされたというわけでない。そのためオルグ後、できるだけ数多く行動オルグや文化オルグに参加させ、進んで大衆用理論オルグの対象となり、理論学習を自ら行うようになるまでの働きかけが必要である。

(10) 敵対理論の立場のひとの場合

また個人オルグの場合、相手が敵対理論の立場にコミットしていて、その立場からのものの見方考え方を主張し、オルグの立場からのものの見方考え方を悪しざまに非難攻撃するという場合にも直面する。このような場合、どうすればよいか。

オルグとしては、相手の話を中断させ、自分の主張を相手に聞かせ、相手の主張を論破したいという気持に駆られるか、あるいは相手の主張におそれをなし、逃げ出したくなるかのいずれかである。だがオルグとしては、準備段階の姿勢を崩さず、どのような気持に襲われようと、よい聞き役の立場を堅持、しかもできる限り長く相手が話し続けるよう、時に相手の意見を求めるかのような話題まで提供し、話を続けさせる。このような場合、少くとも相手の話が、二時間近くにわたるまで、耐えて話を聞き続けることを必要とする。つまりこうして、話し相手が、自分の話の内容に矛盾のあることを、自分で気づかせるためである。

終って、自信のあるひとの場合は、相手の話の矛盾点をつく。その上相手の矛盾点に対する相手の回答が、まず敵対理論をよく理解しているひとの立場から見て正しくないことを指摘する。つまり相手の敵対理論についての理解が不足、理論学習が不充分なことを指摘、それに対する敵対理論の立場に立つ正しい理解の仕方を教示する。だがこれができるためには、オルグは自分の立場の理論のみならず敵対理論についても、人一倍深い理論とその欠点とについて、豊かな知識を持合せていることが必要である。

このようにして、相手に敵対理論に関する理解ではオルグと到底匹敵しえないことを思いこませ、オルグが理論的に相手よりも優位に立つ。つづいて、大衆の立場に立つという正義の下で、相手の主張が大衆により多くの犠牲を強要するものであり、それに対してオルグの主張が、より犠牲を最小化し、獲得する報酬が最大化することを追求するものであることを主張、大衆のためにオルグの主張を選択、それにコミットさせるように説得する。

オルグが敵対理論の知識に関して自信がない場合、この場合、理論をテーマにすることをさける。それよりも感情オルグに転じ、かつてそのような主張をしていたひとが、悲惨な最後を遂げたことを例示し、恐怖喚起アッピールを行う。

(11) オルグ対象の発掘・接近の方法

以上は個人オルグのやり方を説明したものであるが、個人オルグを実施するにあたっては、個人オルグの技術に習熟することはいうまでもないが、それ以上なお重要なことがある。それはどのようにして、個人オルグの対象となり易いひとを次から次へと発掘・接近し、このひと達をオルグの場に持ち込むかということである。これができない限り、いかに個人オルグをしたくても、オルグの対象がないからオルグできない。この点でも、またカウンセリングのように、クライエントの方からカウンセラーを訪ねてくるのを待つというのと異る。個人オルグの場合は、オルグされることを嫌がる相手をオルグすることができなければならぬ。

さて、それはとも角、個人オルグの対象を発掘・接近するには、まずオルグの対象となるひとが大勢いると思われるところに、オルグが出かけることが必要である。飲み屋のどこかにそのようなひとが大勢あつまることが多いとわかれば、その飲み屋に出入りし、顔なじみとなることができるだけの酒が飲めなければならぬ。酒が嫌いでは、そのような飲み屋でオルグの対象をつかまえることはできない。

以上は飲み屋を一例としてあげたに過ぎないが、このようなことができるため、オルグとしては、できるだけ趣味豊富で、ゴルフ・麻雀・釣り・サーフィン、ディスコのステップ、楽器演奏その他娯楽面でも、大衆の集まるような遊びについて多芸であることが望ましい。芸なし猿の理論研究一点張りや仕事の鬼では、オルグとして一番大切なオルグの対象を発掘する技術に欠落していることとなり、オルグ失格である。つまり大衆文化・レクリェーション活動等を好むひとであることが、オルグの条件である。

その上、オルグの対象が多数あつまる所に出入しても、気軽に見知らぬひとと、会話をかわすことができるひとでないと、オルグ対象とも接近できない。だがそのためには、外向的な性格であることが望ましい。すぐに何かといえば、自己に閉じこもるとか、自己を見つめ、自己の内側に関心を専らむけるようなひとは、これまたオルグ失格である。このような性格のひとがオルグになろうとすれば、恥を平気でかく気になり、誰彼かまわず見知らぬひとに挨拶し、しかも挨拶されたひとの印象に残るような挨拶の仕方ができるように自分を変容するところから自分を鍛える必要がある。

なお、オルグ個人で、このような場を設定することがなかなか容易でない。そこでこのようなオルグの対象と接近のチャンスをつくるのが、行動オルグであり、文化オルグである。そのため、オルグとしては、そのようなチャンスがあるごとに進んで参加する必要がある。

第九章　行動オルグの方法と文化オルグ

(1)　行動オルグ・文化オルグの性質

ここで行動オルグと呼ぶオルグ活動は、一般にオルグ活動という言葉が持つイメージと全く異質のオルグ活動を指す。ただこれと類似のオルグ活動には、他に文化オルグと呼ぶものがあるのみである。

では何故行動オルグは文化オルグと共に、他の一般のオルグ活動のイメージとかけはなれたオルグ活動といえるのだろうか。普通オルグ活動は、その目的達成の手段として、コミュニケーションを主要な道具として使用する。そのためオルグ活動を説得とみるひともいるくらいである。

だが行動オルグや文化オルグは、もちろんコミュニケーションを道具として使用しないというわけでない。これらのオルグ活動でも、もちろんコミュニケーションを道具として使用する。だがこのコミュニケーション活動が、活動の主流でないということである。これらのオルグ活動が道具に用いる主要なものは、行動オルグの場合、オルグ達の行う行動であり、文化オルグの場合、文化活動である。もっともこのようにいうと、行動や文化活動を主要道具に使用して、大衆をオルグすることなどができるものだろうかと、不思議に思うひとがいるかも知れない。

だが行動オルグや文化オルグは、他のオルグ活動のように、オルグ対象をオルグすることを直接の目的とするものでない。これらのオルグ活動の目的は、オルグの対象となるひと達あるいは大衆が、オルグ達が進める行動や文化活動を見聞きし、自発的な心の働きにもとづいて、それらの行動や文化活動に、一緒に参加するようになることのみを目的とするものだからである。

それ故行動オルグに成功して、オルグが指導する行動に参加するひとが多くなったからといって、それだけで直ちに、組織化大衆の数が、それだけ増加したといえないものである。故に、それら一緒に行動に参加する大衆の数が増加しても、正しくはオルグされた大衆の数が、それだけ増加したことにならぬ。ただこのような参加行動に出る大衆の数が増加することは、オルグに成功する可能性の大きい、大衆の数が、それだけふえたことになり、結果としてオルグの成功につながる。

(2) 行動オルグ・文化オルグの役割

　では何故オルグが指導する行動あるいは文化活動に、一緒になって参加する大衆の数が増加すれば、それが直ちに、オルグの可能な対象の増加につながるということができるのだろうか。人間は行動を持続する場合、行動の意味づけを求めたがる性質がある。この性質のため未組織大衆はおろか組織内無関心大衆であろうと、敵対組織に組織化されている無関心大衆であろうと、オルグが指導する行動や文化活動に参加し、かつ参加行動を持続しようとすると、その行動の意味を求めてやまない気持にかられる。ところで、その場合行動のもつ意味が、そのひと達の今までの認知の仕方と異っているものであると、そこに認知不協和の原則が働く。結果として従来の認知の仕方を捨て、行動に与える意味を自分の認知構造にとり入れようとする。つまりオルグのもつものの見方・考え方と同じ見方・考え方になろうとする。この気持は、大衆組織化活動の場合、理論でオルグされることを望む心理となってあらわれる。理論オルグの対象者が、こうして生れてくるのである。

　以上のように考えてくると、行動オルグや文化オルグの活動は、理論オルグあるいは感情オルグの対象者に、組織内あるいは敵組織ないし未組織の無関心大衆を仕立てあげるブルトーザー的役割を果すことになる。しかもこの場合の対象者は、オルグに抵抗するどころか、進んで理論を知りたいと思っているひとびとであるから、入念な個人オルグなどする必要もない。大衆を施設内にあつめて集合教育の形で、理論オルグを行う大衆オルグの形をとっただけで結構オルグの成果もあがる。ただその時、抵抗や懐疑の念を持つひとのみ拾い出し、個人オルグの方法でオルグすればそれでよいことになる。

このように考えてくると、行動オルグや文化オルグの役割は、オルグ対象者を多量につくり出すようなものである。また実際行動や文化活動に参加し、その後も参加行動を続けたいと思うひと達は、たとえ理論を知らなくても、オルグ達の考え方や行動や文化活動に理屈抜きに好意を持つようになる。このようなひとびとの集団は、シンパ組織と呼ばれる。このシンパ組織を組織の外側に持つことは、組織拡大と防衛とに重要な役割を果すし、敵組織内にそれをつくることは敵組織を攪乱、粉砕するのに役立つ。

(3) 行動オルグの行動の条件

では以上の役割を持つ行動オルグ・文化オルグのうち、まず行動オルグとは、どんな行動をするのか具体的に説明することにしよう。

行動オルグとは、大衆組織の活動について何等の関心を示さないひとでも、オルグが指導して行っている行動を見聴きした時、それだけで是非自分も参加して一緒に行ってみたいと思う行動を、理屈抜きで実施することを指す。そのような行動とは、どんな条件の行動なのか、次にその条件をまずあげてみよう。

(イ) 抑圧された欲求の満足につながること

今日の社会では、大衆が満足を求める欲求が必ずしも満足されていないことが多い。いやそれどころか、これらの欲求のなかには社会の仕組みのなかで、抑圧されているものも多い。この抑圧された欲求を解放し、その満足につながる行動は、もしチャンスがあれば誰もがやりたがる。そのため、行動オルグの条件は、大衆が抑圧されている欲求で、しかもその欲求を満すことができぬことで劣等感とさえなっている欲求を満足させる行動であること、これが条件のひとつとなる。

(ロ) ファッション性のあること

(イ)の条件を満足させる行動であれば、どんな行動であってもよいというわけでない。大衆が自発的に参加する行動でなければならぬ。そのためには参加したいという気持が大衆感染する必要があり、その条件として、ファッション性を持つ行動であるという要請が生れる。

(ハ) 大義名分（正当性）のあるものであること

だがファッション性のあるもののなかでも、社会の落後者に近いひととか、アウトローのひと達の行う行動では、社会を改変しようなどというテーマに真面目にとり組むようなひとはやりたがらない。ヒッピー・スタイルや竹の子族のスタイルが、ファッション性があるといっても、大衆組織をつくり組織化活動をしようとするひとは軽蔑してやらない。このひと達が参加するためには、大義名分の明確な行動である必要がある。

(ニ) 集団効果のあがるものであること

単独でもできるが、集団で行えば更に効果のあがる行動であること、このような行動ゆえ、組織化が可能となる。

(4) 行動オルグとシンボル

行動オルグを実施する場合、以上の条件を備えた行動以外に今ひとつ絶対に欠かすことができない道具がある。その道具とはシンボルである。

元来シンボルは、日の丸が本来日本の国と何の関係もないものであることでもわかる通り、シンボルで表現されている国家そのものと何等直接の関連があるものでない。つまり日本の国旗は何も日の丸でなくてもよかったのだし、また日の丸は日本以外の国旗に用いてもよかったものなのである。

だがシンボルは一度定まってしまうと、理屈では理解できない力を発揮する。その力とは、同一のシンボルを共有するひとびと相互の連帯を極めて強固なものにする。また連帯感が生れると、人間はそのしるしにどうしても、連帯している人間だけが、ひとつのシンボルを共有しないでいられない感情に駆られる。

シンボルのもつこの性質が、実は行動オルグを可能にするのである。行動オルグによって、無関心大衆が多数同一の行動をとるようになったとする。だがどれ程大勢の大衆が、同一行動に参加したとしても、それだけでは、その大衆を組織化することが困難である。この大衆がお互いに強い連帯感を持ち、自分達はその行動に参加しないひとと別のひとだという差別感が生れ、社会心理学上、内集団と呼ばれる状況にならない限り、組織化に役立たない。もし内集団意識が発達すれば、たとえどれ程異った思想をもっているひとであろうと、内集団として行動するものである。つまり、自分が持っている思想とそれが相違した時、認知不協和の心的原則が支配するので、内集団としての行動を正当化する理論を自ら求めようとし、またその理論が理解できれば、それを自分の認知構造にとり入れ、その理論の支持同調者となり、名実共にオルグされることになる。しかし内集団とならぬ限り、いかに大勢のひとが集合、同一行動をしたところで、オルグされようともしないし、組織化に役立たない。

ところで、同一行動に参加した大衆を、一挙に内集団に仕立てあげるのは、このひと達が同一のシンボルを共有にする事態が生ずることである。このように考えてくると、シンボルを共有する気持をおこさせるように仕掛けると、それが行動オルグであるということもでき、ここにシンボルの重要性が生ずる。

(5) 行動オルグと行動シンボルの利用

以上のように考えると、シンボルのない行動オルグは、行動オルグにならない。このシンボルは、今日大別して、物的シンボル・言語シンボル・行動シンボルの三種がある。これらは個々別々に使用されることがあるが、ミックスして使用することができればできる程、シンボル共有による連帯感が、より強力なものとなる。そこで行動オルグの場合も、この三つのシンボルを使用することができればできる程よいということになる。

ことに行動オルグの場合、行動を道具にオルグしようとするのであるから、この行動が行動シンボルであれば、この上なく都合がよい。何故なら、その行動に参加しようとしてあつまった大勢の大衆が、参加行動としてとっている行動そのものが、オルグの属する大衆組織の行動シンボルであった時、その参加行動に出ることだけで、連帯が強化し、内集団意識が生れ、オルグ可能な潜在的条件が形成されるからである。

さて、そうであるとすると、行動オルグに使用する行動の条件というものが次第に狭ばめられてくる。それは前述の四つの基礎的条件のほかに、参加させようとする大衆組織のシンボルとなる行動、つまり行動シンボルとなるような行動であることが望ましいことになる。もちろん行動オルグの場合、行動シンボルだけで、それが持つ魅力により、大衆を参加させることができれば申し分がない。だが実際問題として、それが困難なことが多いため、大衆が参加したくなる行動を用いることが多いが、その場合でも、それらの行動は、行動参加者を不自然でなく行動シンボルに誘いこむための手段として使用するに過ぎないということ、それがこの行動オルグの本質である。

以上が行動オルグといわれるものであるから、それだけに行動オルグを実施するにあたって、大衆が参加したくなる行動のみ実施するよう心がけてばかりいたのではいけない。それでは行動オルグとならない。行動オルグの場合は、必ずシンボルとなるような行動をいくつかメインとし、その行動に参加者を大勢誘いこむことができる行動を配慮し、なお行動シンボル以外のシンボルも、できれば共有する意識が生れるようにする行動計画を策定、それを実施してこそ、始めてオルグとしての効果をあげうる。

(6) シンボルの条件

物・行動・言葉そのいずれもが、すべてシンボルとなりうるかというと必ずしもそうでない。シンボルになるためには、条件がある。この条件に適した物・行動・言葉であってこそ、始めてシンボルとすることができる。

(イ) 意外性

シンボルの条件第一は、意外性といって日常われわれが滅多に見聞きしないもの、経験しないことであればある程、シンボルとなり易い性質を持つ。何故なら意外性のあるものは、他に見聞きできないだけ他と区別し易く、内集団の表現にそれだけ適するからである。

(ロ) 単純性

シンボルの第二の条件は、できる限り単純なものであるということである。複雑なものは記憶しづらいし、また表現しづらいので、誰もシンボルとして共有することが困難である。これに対して単純であれば、記憶し易く共有し易いからである。

(ハ) 価値付与性

シンボルの第三条件は、価値付与性といって、その物・言葉・行動がそれ自身何か価値があるものであるかのような感じを与えるものでなければならない。たとえば、スローガンは言語シンボルの一種であるが、そこに使用される言葉は、その言葉を見聞きするひとに、大変もっともらしく立派にあるいは上品な語感をともなって、ひびくものであることを必要とする。何故なら卑俗な言葉・下品な言葉であると、ひと前で口にするのも恥しく、ひとが使用しないので、せっかくシンボルとして制作しても、シンボルとしての効用を果さなくなるからである。ちなみに日本語の場合、漢字四文字がよいスローガンとなり易い。

(ニ) 神秘性

シンボルの第四条件は神秘性である。ここに神秘性というのは、物・言葉・行動いずれのシンボルをみても、そのシンボルのみからでは、その真の意味が容易に理解できないものであるということを指す。何故このようなものがシンボルとして役立つかといえば、あいまいなものであるだけに、意味をつけ易く、理論と結びつけ易いということ、加えてその意味を知ることは、内集団だけに限られるからである。ことにこの神秘性のうちにも、何か超自然的な力を連想させるような感じがただよっていたりすると、シンボルを共有するひとに超自然的力を付与する。

(7)　物的シンボルについて

ここで大衆組織の組織活動の際、よく使用されているシンボルのうち、物のシンボルについて、その具体例を若干かかげておくことにする。

物的シンボルのよい例は、旗・のぼり・吹き流し・鉢巻き・ネッカチーフ・ワッペンのほか装身具の小物でマーク入りのものとか、その組織独特のもの、あるいは松明・かがり火・ローソク・花火・爆竹・提灯・ランプ・ユニフォーム・ヘルメット・マスク・ベルト・靴・聖堂・石碑・樹木・草花・門・塔・広場等々で、数えあげてゆけば際限がない程である。

このことは、すべてのものが、以上シンボルとしての条件を備えていれば、あるいは備えるように加工すれば、シンボルとなることを示す。従って、物のシンボルを制作するには、なるべくひと目につくものとか、あるいは移動容易なもの、また場合によっては絶対に移動できぬもの、たとえば巨石とか山や川等、そのようなものを選び出し、それに前述のシンボルの条件があてはまるようフィクションを加えればよい。

ただ物的シンボルを制作するにあたり注意することは、以上の四条件のうち、ただひとつを強調しようとするあまり、他の条件のことを忘れ、これを欠落させてしまうことである。このようなことになる場合、せっかく苦心して制作したシンボルが、大衆組織を発展するという角度から見る場合、マイナスの効果を発揮することになる。つまり、趣旨に賛成するが、組織化されると、あの物的シンボルを身につけて、あるいは持って歩かねばならぬから、それが嫌で、組織化されたくないというひとが多数でてくる。

すなわち、知性のあるひとが、国会議員の選挙になかなか立候補したがらないのは、あのタスキを候補者がかけ、ひと前で演説しなければならぬのが嫌だということにあるなど、その一例である。また、かつてイカレた若い女性の間で、イヤリングを片方だけ耳にぶらさげるのが、ナウイシンボルとして流行したことがある。イヤリングを片耳だけぶら下げるのは、確かに意外性の条件を満足させている。だがそれは一方、いかにも半端で、イメージが悪く、イカレた感じを与える。おかげでその流行はたちまちスタレてしまったのである。

(8)　各種シンボル利用法とイベント

行動オルグでは、なんといっても行動シンボルがその中心となる。物的シンボルは、この行動シンボルに対して、後光効果をあげるためとか、威光暗示を与えるためとかという角度から、行動オルグの飾りあるいは舞台装置として利用されることが多い。

　また言語シンボルは多くの場合、物的シンボルや行動シンボルとミックスされ、物的シンボルや行動シンボルに、シンボルとしての意味を与えるため使用されることが多い。たとえば赤い鉢巻だけではそれを大勢のひとがしめていても、それが何を意味するのかわからない。だが鉢巻に白地で「要求貫徹」と染めぬいてあれば、その鉢巻をシメている意味がわかる。のぼり・たれ幕の類等も、それに言語シンボルが加わることで、始めて意味がわかると共にシンボルとなる。

　また行動シンボルにしても同様である。単に行動のみでは、かわった行動をしているひと達がいると思われるだけで意味がわからない。これに言語シンボルが加わることで、その行動がシンボルとしての機能を持つようになり、意味がおぼろ気ながらわかるような気がしてくる。行動オルグの場合、この言語シンボルは、スローガンやコールの形で使用されることが多い。そのため、たとえば、片手を高く空につき上げるような行動はそれ自身シンボルでないが、この動作を「頑張るぞ！」というコールと共に行えば、その行動は行動シンボルとなり、その行動の意味が理解される。デモの場合も、出発前、デモの最中、解散前、シュプレヒコールを始め、各種のコールを併用することで、その行動はシンボルとなり、その意味が明らかとなる。

もちろんその場合、旗・鉢巻の物的シンボル、あるいは同じく物的シンボルであるプラカードに言語シンボルを記入し、それを併用するとなると、ここに行動シンボルを中心に、各種シンボルのすべてを動員したことになる。

さて、このように述べてくると、ここでいう行動オルグとはどんなものか、次第にそのイメージが明確化してきたことと思われる。行動オルグとは、行動シンボルを中心に各種シンボルを動員することなのである。では現実に、そのようなことが、どのような場合可能かといえば、それはイベントを開催する場合である。したがって、行動オルグは、イベントを中心とするオルグである。

(9)　行動オルグ用イベントとその条件

行動オルグの特徴は、まず大衆を参加させるということである。幸いにして、すべてイベントは、一般に大衆を参加させるという要素を持っている。それ故、デパート等では、客あつめのため、年中イベントを実施している。

ではイベントであれば、どのようなイベントでも、それを行えば行動オルグになるかというとそうはゆかない。イベントは、祭事・行事・催しであるから、これを開催すれば、なるほどやり方によっては、各種無関心大衆を動員・参加させることも可能となり、オルグ活動の条件づくりとなる。だが単なるイベントでは、あたかも打上げ花火のようなもので、その時は大衆が参加するが、ただ参加しただけで終ってしまう。参加者の間に連帯もできなければ、内集団もつくられない。したがって、たとえその場で物的シンボル・言語シンボルを使用しても、シンボルの効果があがらない。それどころか、そのようなシンボルを使用することで参加を嫌うひとが出てきて、かえって参加者が減少するという事態さえ生じてくる。

そこで行動オルグとしてのイベントは、確かにイベントに相違ないが、イベントはイベントでも、一般のイベントと異る特殊なイベントでなければならぬ要請が生じてくる。では、それはどんなイベントなのであろうか。

そこでここで再び振りかえって、最初に述べた行動オルグの条件を今一度思いおこしてみよう。それは、(イ)抑圧された欲求の解放、(ロ)ファッション性、(ハ)大義名分のあること、集団効果の四つである。幸にして、イベントは、社会的制約をその場限り排除できる性質を持っている。社会的に抑圧された欲求といえども、イベントとなれば、ある程度まで社会的抑圧を排除できる。したがってそこでは、抑圧された欲求を解放できると共に、ファッション性のある、大義名分のある、集団効果のあがる行動シンボルを中心に堂々とひと目のつくところで、イベントとなれば展開することができる。

しかも、このような行動シンボルであれば、日常生活では、これを展開することが抑制されているだけに、大衆にとってそれだけ余計魅力あるものとなる。当然参加者も多くなる。したがって行動オルグは、以上のようなイベントを開催することを中心にする。

⑽　行動シンボル――その一――

では行動シンボルとして役立つイベントの中心となるシンボルには、どのようなものがあるだろうか。

(イ)　集団武技

このよい例は、中国の毛沢東が普及させた簡化太極拳である。太極拳は他の武技と異り、力とスピードで敵を倒すのでなく、相手の攻撃を待ち、相手の心の虚を衝いて、相手の心のバランスが崩れる際に、相手の力を逆用、あるいは相手の攻撃心を利用して相手を倒す武技である。そのため力が弱いことで、心ひそかに不安におびえ、強くなりたいという欲求を持っているにもかかわらず、その欲求を肉体的に抑圧されている老人・婦女子、あるいは弱い若い男性に、このような武技を習得したい気持をおこさせる。加えて独演型連環拳であるから、習得も容易であり、演武そのものにファッション性があり、心身を鍛えるという意味での大義名分がある上、行動禅と称するほどであるから、神秘的な思想性を持つ。このようにその特徴を拾うと、まさにシンボルとしての条件を完全に備えている。加えて、習得することで人間にとって生命の危機という外敵の脅威からくる不安が解消、それが自我を内的に強化する上に役立つ。しかもこれを集団で演武する場合、一種の集団舞踊となり、静かな大衆興奮を呼ぶ上、連帯を強化させる。そう考えると、これこそまさに行動オルグの行動シンボルとして最適である。故に、そのような集団武技を考案、組織のシンボルとして使用すれば、行動オルグとして最大の効果があがる。

(ロ) 街頭行進

これはデモである。デモは今日大衆の意志の表現の手段であり、力の誇示の手段として、大衆の組織活動のシンボルとなっている。ただ個人の力を強化することにならぬので、集団武技のように内的自我強化という点で劣るが、それでも力を示し抑圧されていた欲求の解放を目ざしているという点、またデモ独自のファッション性から、大義名分をコールし続けることで、社会にそれを訴え続けたという満足感が参加者に生じてくる。その点で、行動オルグに利用する行動シンボルとしては効果のあるもののひとつである。だがデモといっても、パレード用のものから、欲求の解放を社会に訴える街頭行進用のもの、あるいは力を誇示する攻撃用と各種あるので、これを上手につかいわける必要がある。

(11) 行動シンボル―その二―

(イ) 集団示威コール

これはシュプレヒコール、頑張ろうコール、かけあいコールその他各種のコール類を始め、歌などをスクラムを組んで、前後すれ違いに体をゆらして歌う等、比較的長時間、リーダーを順次交替しながら続けるものである。外部に対して、強烈な威圧効果をあげるという点で、抑圧されていた欲求を解放すると共に、大衆興奮を喚起、参加者を活性化させると共に、コールで大義名分を訴えることができ、自信ができる。

(ロ) 集団輪舞

空也上人の念仏踊りを始め各地の盆踊りあるいは西洋のフォーク・ダンスを始め、各地の民謡ステップ、更に未開人の戦闘の輪舞を始め、輪になって簡単なステップを踏む踊りは、大衆の活性化を誘い、大衆興奮を極度に昂める。ファッション性のあるステップとなれば、自発的参加者も多く、その前後途中で各種コールを入れることができ、大義名分も立つ。そのような点から、この集団輪舞も欠かしえない行動シンボルである。

(ハ) 大衆集会

大衆集会といっても、指導者が一方的に大衆に伝達するような集会であっては、行動オルグのイベントとしての行動シンボルにならない。行動シンボルの集合では、物的シンボルをできる限り動員すると共に、開会前、中だるみの時、あるいは終る時、たえず集団コールを全員で行い歌をうたい、太鼓・笛その他ホラ貝等で闘争心をあふり、その上、話し手は単なる火つけ役であることを自覚、聞き手はハンド・クラッパーに刺激され、絶えず支援のヤジをとばし、また火つけ役の問いかけに答えて、賛否のかん声をあげるような集会であった時、始めて行動オルグの意味を持つ。なお集会会場の外側に、出入者のために組織的にビラ入れをするグループや防衛者を配置するとよい。

(ニ) セレモニー

これには、おごそかな内にも、何か神秘的でロマンティックなムードのただようなかで、決意の表明をし心的陶酔に陥入らせるもの、あるいは出陣式のように、鳴りもの入り、コール入り、支援のヤジ入りで、専ら大衆興奮のなかで決意表明をするものとの両極端がある。いずれにせよ、オルグが独自のシンボルになるセレモニー形式をつくると、行動オルグとして、大衆変身の効果をあげうる。

⑿　行動オルグと文化オルグの関連

行動オルグに使用する行動シンボルの殆んどは、イベントの時になって、すぐその場でできるというものでもない。いずれもそれ程高度の技術性がないにせよ、日常訓練することが必要なものである。この日常の練習を数多く反復することで、イベントの時、始めて日頃の訓練成果が発揮できるものばかりである。

この点が行動オルグと文化オルグとの重要な相違点である。文化オルグの場合は、レクリェーション、展示会、文化祭、キャンプ、演劇、音楽会、ダンスパーティ、バザー、スキーツアー、詩や短歌や小説の発表会などのイベントを中心とするが、その多くはイベントの時、参加者が誰でも即席に近い形で参加できるものを多く選ぶ。その時、観賞活動をするのは参加者である。

では何故行動オルグの場合、イベントに参加するには、参加者の多くがあらかじめ練習をしておくばかりでなく、本番前のリハーサルまで必要とするものを、多く選ぶのであろうか。それは、この日常の練習ということに意味があるからである。参加者が興味をもって練習を重ねているうちに、お互いが親しくなり、連帯感が湧く上に、これによって認知不協和の原則が働き、行動の意味を知らず知らずのうちに求めると共に、行動に意味を与えている理論に関心がむくように仕向けるためである。

これが単なるイベントに参加する時だけの行動で終了してしまうようなものであれば、その行動をしても、その意味づけを深く追求したり、その行動を継続するために認知不協和の原則が働いて、行動を変容するまでの気持がおこらないからである。

では一方、文化オルグの場合、何故それを承知の上、わざわざイベントの場で、即席で参加できるような活動を中心に展開するのだろうか、文化オルグの場合、組織の活動に参加してくれることのみを望み、参加者に行動変容の手がかりを与えること等、少しも狙わないからである。参加するくせをつけること、それが文化オルグの狙いだからである。

そうであるとすると、オルグの場合、まず文化オルグ、次に行動オルグの順で、オルグ作戦を展開することが、一般的にいって、オルグ成果をあげる上に、有効であるということができる。

⒀　行動・文化オルグの攻略的利用法

行動オルグ・文化オルグは、以上のようなものであるが、これを敵組織攻略に利用するとすると、理論オルグなど到底及ばない程の威力を発揮する。そこで、その方法について述べよう。

このオルグ活動では、理論について殆んど言及しない。殊に文化オルグの場合は、全く無思想・無理論を売物にし、各種コール等も、用いないのが普通である。そのために、敵対する理論的立場に立つ敵対組織に組織化されているひとびとでも、あまり抵抗を感ずることなく参加できる。ことに敵対組織の無関心大衆となれば、なおさら気軽に参加することが可能となる。

このオルグ活動の特徴を利用して、攻撃すべき敵組織の無関心層に、平和共存・部分共闘のスローガンの下に接触を試み、文化オルグとして行う文化活動のイベントに参加を勧誘する。当初は観賞用イベントがよいが、回を重ねるにつれ、レク活動への参加を勧誘、このレク活動の場には、味方陣営のオルグもひそかに参加、接触をはかる。オルグ担当者はこの時、個人オルグの手法を使用して相手のレク活動の欲求を更に深化させる。オルグ担当者は、こうしたことの反復の結果、相手が味方の組織にコミットする傾向をみせた時、相手を行動オルグの場にチャンスを見て、勧誘、自我の内的強化を援助する。あるいはその後感情オルグ理論オルグの場に勧誘、理論的強化をはかった上、敵組織内の秘密の拠点となり、相手組織にゆさぶりをかけ攪乱する一役を買ってもらうか、相手組織の無関心層勧誘にひと役買ってもらうかなど、重要な役を担当してもらうのも、ひとつの方法である。

これでわかるように、文化オルグは敵組織無関心大衆攻略の前衛的な役割を果す。今もしこの文化オルグによる敵組織攻略作戦を、同時多発的に進行させたとなると、ある一定の量まで、敵対組織の無関心層が引き抜かれる。その時、行動オルグのイベントを敵組織の前で派手に行うと、なだれ現象がおこって、他の無関心大衆も敵組織からはなれ、ここに敵組織の幹部の孤立化が生れる。孤立化は疑心暗鬼を生み、お互いの間に内部分裂がおこり、敵組織が内部崩壊する。

もし敵組織が弱少なら、文化オルグをせず、その組織周辺で行動オルグを反復実施、その無関心層を、個人オルグで味方陣営に組織化されるよう勧誘する。

⒁　行動・文化オルグによる組織防衛法

敵対組織から攻撃を受けた時、ではどう組織を防衛すればよいか。敵対組織からの攻撃が文化オルグによる場合は、味方組織も組織内無関心層を対象に、文化オルグを敵対組織以上に活発に展開、これによって防衛する。これは水路づけといわれる方法で、攻撃側と全く同じことを対抗的に行うことで相手組織の無関心層を、逆に味方陣営に吸収することにもなる。

だが、それ以外の方法で、組織攻撃をかけてきた時、組織防衛の方法としては、行動オルグを組織内で、組織無関心層・関心層を対象に活発に展開する。これにより、組織活性化をはかることで、敵組織からの攻撃の入りこむ余地をなくすわけである。更にこの場合、多少とも組織内で、ウィーク・ポイントと思われる部分に対しては、組織内の他の部分の応援を得て、オルグを投入、個人オルグを始め、感情オルグを追加して行う。

なおこのような場合は、毎日短時間でも職場毎に集会を行い、この集会の場で、集団コールを反復するという形の行動シンボル利用を行い、連絡を密にして、敵組織から少しでも接触の兆があったひとから、その接触の仕方の細部を聞き、その時の敵組織の作戦意図・方法を、これらの情報を組織的に収集した結果から割り出し、それに対する対策を検討・策定する。

また中央に、行動オルグのベテランを掌握できるようにして、行動オルグの遊撃隊をつくると同時に、個人オルグのベテランについても同様な方法での遊撃隊をつくり、必要な時、必要な場所へ、組織防衛のため何時でも派遣できるよう準備をととのえる。

なおこのような場合、組織内で理論闘争のやり方を普及させると共に、職場ごとにヒマを見つけて、組織化されているひとびとが理論闘争のやり方を実習することで、組織防衛に対する自信を培養させる。

第一〇章　理論闘争の技術

(1)　理論闘争技術の必要性

オルグ活動にとり組む際、習熟しておく必要のある技術がある。その技術とは、敵対組織の活動を裏づける敵対理論の信奉者に直面、理論闘争となった時、相手の理論的主張を粉砕する理論闘争のやり方である。

もっとも多くの場合、理論闘争に勝利したとしても、破れた相手が屈伏して、オルグされることは、比較的まれである。理論闘争で敗者となったひとの多くは、敗北の屈辱を払いのけるために、再度の挑戦に勝利を期し、今まで以上に、それまで信奉していた理論を学習、その理論を信奉する度合いを強めるからである。その点、オルグが相手に理論闘争を挑み、その闘争に勝利することは、オルグの成果をあげる観点から見る時、必しも当を得たオルグ方法といえない。

だが、それにもかかわらず、オルグ活動に積極的にとり組むためには、理論闘争に勝利する方法に習熟していることが大変必要である。何故なら、多くの場合、オルグする時、相手と理論闘争に陥入り敗れるのでないかという不安が絶えずある。この不安がある限り、オルグするにもこの不安が先に立ち、予期不安となって、オルグしようという気持を阻む。つまり、積極的にオルグ活動を展開しようとする意欲をおこさせないようにしてしまう。

この予期不安をなくし、オルグ活動に積極的にとり組む意欲を生み出すには、たとえオルグ相手と理論闘争に陥入っても、その闘争を恐れず、敢然としてこの闘争にたちむかい、この闘争に勝利することができるという自信を持つことである。だがオルグがこの自信を獲得するには、二つの条件がある。そのひとつは、理論闘争も、敗色濃くなった相手が、激昂し、ついわれを忘れ暴力を振っても、その暴力から身を護り、これに打ち勝つ最少の専守防衛の武技に習熟していることである。その第二は、理論的に相手の主張に打ち勝つ技術に習熟していることである。

ただし理論闘争に勝つには、理論的知識を持っているのみでは、不充分である。理論的知識のみでは喧嘩に勝てない。闘争に勝利するには、またその方法を知っていなければならぬ。ここに理論闘争の技術が必要となる。

(2) ダーク・ロジック

オルグの場合、理論闘争といっても、闘争の相手の主張する理論が必ずしも学者・研究者が理論を構築する時のように、厳密な演繹的思考や帰納的思考を用いて構築されたものでないことが多い。多くの場合、闘争相手の主張する理論の多くは、風が吹けば桶屋が儲かる式のダーク・ロジックと呼ぶこじつけの論理によって構成されたものであることが多い。そこでこのような理論と闘争するには、まずこの論理を知っておく必要がある。

次に具体的に説明しておこう。

①風が吹けば、砂ぼこりが舞い上る。
②砂ぼこりが舞いあがれば、それが目に入って、目の見えぬひとが大勢できる。
③目の見えぬひとは、他に生活の手段がないので、三味線をもって門づけをする。
④門づけが大勢ふえるので、その商売道具である三味線が多量に売れる。
⑤三味線が多量に売れると、三味線の材料である猫が沢山捕獲される。
⑥猫が沢山捕獲されると敵がいなくなるので鼠が沢山ふえる。
⑦ふえた鼠が桶をかじるので桶が沢山こわれる。

⑧桶が沢山こわれるとその修繕を頼みに桶屋にくるひとがふえるので、桶屋が儲かる。

以上は風が吹くという事実から、桶屋が儲るという推論を導き出すため、多段階にわたって、都合のよい現象のみを拾い出したものである。いうならば、一面提示による推論の典型的なもので、この推論形式をとれば、どんなものでも結びつき、それこそ馬を鹿ということぐらい、極めて容易である。

敵対組織の理論闘争の相手がよくこのこじつけの論理を使用することがある。この場合相手は、まず攻撃すべき目標、あるいは主張等を予じめ定めている。つまり桶屋が儲かるという主張を定めているわけである。その上何か問題にしなければならぬ事実が発生すると、このこじつけの論理である多段階思考を使用して、それが攻撃目標のせいや主張が聞き入れられぬせいにする。たとえば、政府攻撃することで運動を盛りあげようとする時、あるひとの目にゴミが入った。それは政府が悪いからだというぐらいの推論は、このこじつけの論理をつかって、たちまち可能にすることができる。このような非論理的推論から生れた主張を相手に、オルグは理論闘争をしなければならぬことが多いのである。

(3) ダーク・ロジック攻撃法

相手がダーク・ロジックを使用して主張し、それをまげようとしない場合、その主張を粉砕するような理論闘争の場合、どのような攻撃の仕方をすればよいか。以下説明する。

この場合は、まず相手の主張を相手にさからわず、相手のいうままに主張させることである。相手が主張している間は、もっともらしく肯定、相手の主張をさも受け入れているかの態度を見せる。これは相手がオルグに悪感情を持つことから生ずる抵抗感を排除するためである。ついで、次の諸点で相手の矛盾をつく。

(イ) 推論を構成する各段階の妥当性をつく

相手の主張を導き出した段階の推論のひとつひとつについて、その推論が果して正しく成立するものかどうか、その推論の妥当性をつく。そのためには、各段階の推論の妥当性を検討、妥当性のあやしいものについては、何故そのような推論ができるのか、その理由の更にくわしい説明を求める。この場合、相手の推論はもともと無理なこじつけなので、その推論が可能な理由を詳しく説明するとなると、その説明のなかに、必ず現実不一致、あるいは矛盾が生ずる。その場合、この現実不一致ないし矛盾をつくことで、相手が答に窮する事態をおこさせ、その推論全体の誤りを相手にも強く印象づける。

(ロ) **推論を構成する各段階の客観性をつく**

相手が主張を導き出した各段階の推論について、そのような推論以外に、他の推論が可能であるか検討し、他の推論が可能な場合、他の推論と相手が行った推論とどちらが現実に生起する可能性の確率が大であるかを問題にし、相手の推論の生起可能性が、他の推論と比較して、極めて稀にしか生起する可能性のないものであることを相手に追求する。つまり、滅多におこらぬことをあたかも絶えずおこるかのようにみなしている誤りを指摘する。

(ハ) **推論全体の論理的不整合性をつく**

相手が主張を導き出した各段階の推論について、その推論のなかに矛盾・不一致がないかどうか、あればこれをつく。なお前述の追求を行った際、それが他の段階の推論と矛盾・不一致があるのでないかどうか、よく注意して、もし矛盾・不一致があれば、その点を追求する。もちろんそれに対する答についても、(イ)(ロ)の点で問題がないか注意し、あれば追求する。

(4) 三段論法的推理とその誤まる部分

相手の主張が前述のようなダーク・ロジックによるものでなく、正々堂々とした論理で構築されたものである場合もある。もちろんこのような主張に対しては、ダーク・ロジックに対する攻撃法が通じない。このような場合、オルグとしても、論理的攻撃を加えざるを得ない。

だがこの論理的攻撃法を理解し、それに習熟するには、このような論理的主張が、どのようにして構築されるものなのか、その構築の仕方を簡単に知っている必要がある。一般にこのような主張を構築する場合、三段論法的推理を行うのが普通である。

三段論法的推理とは、まず始めに既に真実だと思われている大前提がある。他方、多くの場合、人間が現実に体験する事実を小前提とし、この小前提を大前提にあてはめることで、帰結として判断なり推論なりを主張する方法である。一例をあげれば次のようなものである。


大前提・すべての人間は死ぬ。

小前提・Aは人間である。

主　張・故にAは死ぬ。


この例でみてもわかるように、三段論法的推理の特徴は、小前提・主張の主語は同一（例A）であり、大前提の客語はまた主張の客語と同一（例死ぬ）であるということにある。

一般に、オルグが理論闘争を挑まねばならぬ相手の主張では、大前提が敵対理論の一部であり、小前提は、相手をとりまく社会的現実であることが多い。この社会的現実を、大前提である理論の一部分にあてはめることで、主張として、相手をとりまく社会的現実について何らかの見解が導き出される。

以上が三段論法的推理の基本型であるとすると、この推理に誤まりが生ずる場合がいろいろとある。まず第一は、大前提の言明が真実でなく、誤まっている場合である。このような言明を大前提として使用する限り、この判断から導き出された帰結としての主張が、誤まったものとなること、また当然である。

それ故、三段論法的推理で構築された相手の主張が正しくないこと、誤っていることを攻撃する場合は、相手の主張について、以上の点から、果して正しいものであるかどうかの疑問を主張者である相手に伝え、相手をして、そのどれかについて正しいといえないようにすること、それがこの場合の理論闘争のやり方である。

(5)　主張の理論的根拠の誤りバクロ

理論闘争の究極の目的は、いうまでもなく、相手の主張の誤りを告発、その主張を完全に粉砕することである。ところで相手の主張は相手が信奉する理論を大前提とし、それを相手の立場から見た現実についての解釈を前提として構築されたものである。したがって相手の主張の誤りを指摘告発するには、次の三通りの方法があるということになる。
(イ) 相手の主張の大前提となっている理論的根拠の誤りを告発する。
(ロ) 相手が小前提として使用している現実的根拠が誤まった認識であることを指摘する。
(ハ) 主張を生み出す理論の論理的推論の矛盾・不一致を指摘する。

以上について、逐一その闘争方法を具体的に説明してゆくことにする。

まず、(イ)の相手の主張の大前提となっている理論的根拠の誤りを告発するということは、その主張の土台をくつがえしたり、土台にゆさぶりをかけることになる。主張はこの理論的根拠を土台とする上部構造物であるから、いかに主張が立派にみえても、その土台がゆさぶられ、崩れおちるとなれば、上部構造物の主張など、ひとたまりもなく崩壊する。そこでこのような考えから、理論闘争では、まず相手に主張したいことを充分主張させた上、相手がその主張に関して、最早いうべきことが何もなくなるのを待って、次の質問第一号を発する。

その質問とは、「あなたの主張の理論的根拠は何か。それを論理的に明らかにしてほしい」ということである。この質問は、当然相手が答える理論的根拠に関する次の第二陣の質問を予定して提起する。この第二陣の質問は、第一の質問に対する相手の回答の仕方により、いろいろにわかれる。

(イ) 相手の持つ敵対理論についての知識が、大変あやふや不正確で相手自身も述べている理論的知識について自信がなさそうな時、

(a) 「そのようなあやふやな理論的知識にもとづいて、そのような主張をするのか、もっと根拠となる理論を論理的に明確に説明せよ。できぬなら、それができるまで勉強して、それからその主張をしてみよ」と追払う。

(b) 相手の答えのなかで、論理的に矛盾・不一致を示す部分を指摘、このような矛盾した思想では、論理的に明確にせよという問いの回答にならぬではないかと、更に問いつめる。相手が答えた理論に論理的飛躍がある時も、また同様である。

(ロ) 相手が理路整然と論理的に答えた時

(a) 「そんなことは誰がいった」とその出典を問う。その場合、相手の答えに自信がなさそうな時、その出典では、そんなことをいっていない、デタラメだと主張する。

(b) 相手の述べた理論について、その根拠となる理論は何か、更にその大前提となる理論を追求、答えに矛盾・不一致が生ずるのを待つ。

(6) 敵対理論の内容分析・告発学習の準備

だが、以上の相手の主張の理論的根拠の誤りをバクロする戦術を、理論闘争の際使用するには、その前あらかじめォルグとして、敵対理論に関し、次のような告発学習を行い、敵対理論に関する知識を身につけておく必要がある。

(イ) **敵対理論の内容分析**

敵対理論について、その理論内容を次の要因に分解しておく。

(a) 各種目標の分析

敵対理論を構成している各種目標、すなわち、理想目標・中間目標・現実目標・実践目標・達成目標などに分解する。

(b) 各種目標選択の基準明確化

これら各種目標が敵対理論の場合、どのような基準にもとづいて選択されたかを明らかにし、それによって敵対理論実践のための戦術の概要を把握することができるよう努める。

(c) 目標および目標選択基準正当化の理論分析

以上の各種目標およびこれらの目標を順次選択することが正しいとして正当化している理論

として、どのような理論を展開しているか、それを明らかにする。

(d) 目標を誘因とする際動因としての欲求分析

これらの目標を動機づけの誘因刺激であるとみる場合、その動因として、敵対理論では、大衆にどのような動因があるとみているか、それを明らかにする。

(e) 欲求阻止の阻害要因とみるものの分析

敵対理論としては、以上の大衆の動因としての欲求が阻止され、満足されずにいるのは、社会にどのような阻害要因があるためとみているのか、その阻害要因とみられるものを分析。

(f) 欲求満足と目標としての妥当性分析

敵対理論において、阻止されている欲求を満足させてくれるものとして打ち出している目標に関して、果してそのような目標を誘因として主張することが欲求満足の方法として妥当なのかどうか、コスト最小化・報酬最大化の観点より分析検討する。

(g) 正当化の根拠の分析検討

敵対理論について、目標達成の必然性・必要性を正当化する主張の根拠として使用された各種事実、あるいは史的事実に関して、どのようなものが使用され、またそれが真実であるか否かを検討する。

こうして、これら要因間の矛盾・不一致・独断性・非客観性・欺瞞性等を明確化する。

(7) 現実的根拠粉砕

理論闘争の際、第二の攻撃法は相手の主張の現実的根拠を粉砕することで、相手の主張が誤まりであることを明確に印象づけるという方法である。この方法の具体的なやり方を説明する前に、相手の主張と相手の現実認識との関係について、一言ふれておく必要がある。

相手の主張は、一般に相手が現実をどう認識しているかということを小前提とし、この小前提を大前提である理論にあてはめた結果の推論として成立している。だがひとにはそれぞれものの見方・考え方がある。これを認知構造と呼ぶ。この認知構造が異っていると、同じ事実をみても、その事実に対する認識が異る。たとえばソ連のアフガン侵攻も、それを見るひとの認知構造の差によって、その事実をソ連の防衛のためとみるか、ソ連の侵略とみるか、その意味づけ、つまり認識の仕方に相違が生れてくる。

その上、人間の持つ認知構造は、そのひとが信奉する思想がある場合、その思想の影響を著しく受け、そのため、その認知構造は一般のひとと著しく異ってくる。敵対組織の理論の信奉者は、その思想の影響を受け、その認知構造も敵対理論特有のものとなり、その結果、同じ現実をみるにせよ、その認識の仕方は、敵対理論特有の極めて片よった一面的なものとなり、一般のひとの現実認識と大変にかけはなれたものとなる。

そこでこの方法を使用する場合には、相手の現実認識の仕方が、いかに一面的なものであるかを相手に認めさせるため、その現状に対する現実認識について、一般的なものをまず明確にする。その一般的現実認識からみれば、いかに相手の現実認識が片よったものであるか、それを相手につげる。相手がそれを認めればよいが、相手が認めようとせず、自分の現実認識の方が正しいと主張し続ける場合、かつて類似のパターンで現実認識したひとが、片よった現実認識のおかげで、どんな不幸に陥入ったか、不幸な状態を過大に伝え、相手に恐怖が喚起されるようにする。あわせてオルグのような現実認識を行った場合、いかに幸福な結果をもたらしたか、それを例に引用強調する。その上、大衆の立場からみた時、いかにオルグの主張に根拠を与えている現実認識が正しいか、それを例をあげて説明、相手が行った現実認識を放棄させるようにする。

(8) 理論構築上の矛盾

理論闘争の場合の第三の攻撃法は、相手の主張について、その主張を成立させている理論を構築している現実認識および理論的根拠が、その主張を推論するに足る程、果して充分論理的に結びついているかのどうかを検討、矛盾があれば、その矛盾をつく。あるいは矛盾がなくても、相手がオルグの質問に答える過程で矛盾をするように働きかけ、それによって、相手の主張が論理的でないという印象を与え、理論闘争に勝利することである。

この方法は、前述相手の主張の理論的根拠および現実認識の仕方等を明らかにする攻撃方法を採用したのち、それらの攻撃に対する相手の回答を知った上で行うのがよい。この攻撃法は、それまでの理論闘争の経過で、オルグの質問に対する相手の答え方によって、いろいろと異った手にわかれる。基本パターンとしては、次のようなものが考えられる。

(イ) 相手が現実認識の誤りを認めぬ時

この場合、相手が認識している現実を小前提とした時、それから大前提として相手の想定している理論的根拠が、果して妥当するかどうか、あるいはもっと他の理論を根拠づけの理論として使用すべきでなかったか、あるいは相手の想定している理論的根拠を大前提とし、現実認識を小前提とする時、相手の主張と異る主張が、帰結となりうるのではないか、これらの角度から、相手の答を検討し、もし矛盾があれば、その矛盾をつく。この場合、具体的なやり方としては現実認識をあてはめる大前提として、相手の予定している理論的根拠が、果してあてはめるに適した理論であるかどうか、もっと他の理論を用いた方がよいではないか等の質問をし、相手を撹乱する。

(ロ) **相手が現実認識を修正した場合**

この場合は、そのまま今まで通りの主張をしていたのでは、主張を裏づける理論に矛盾が生れること当然であるので、その矛盾をつく。その上、修正した現実認識を小前提とする時、どのような大前提をとれば、どんな主張が結論として生ずるかを論議し、その結果採択された主張と、今まで相手が主張し続けてきた主張と、どちらの主張を採択する方が大衆にとって、大衆が払う犠牲を最小化、報酬として大衆が受けとる利益が最大化するかという観点から、主張の修正を強制する。

(9) 質疑防衛法―その一―

理論闘争の場では、オルグが専ら一方的に相手に対して質問できるとばかり限らない。先制攻撃とか、先手必勝という言葉がある通り、理論闘争では、質問する側にまわって、この質問により相手を攻撃する側に立つ方が、質問に答える受け身の側に立つより有利であり、やり易い。したがって、相手もまたチャンスをつかんで、質問する側にまわり、攻撃しかけようと絶えず狙うことになる。そのためオルグとしては、質問を受ける立場に立った時のことも、充分心にとめ質問を受けて立つ準備を常々しておかなければならぬ。

この場合、大切なことは相手の質問に対し、答に困まった時、オルグとしてはどう対処すればよいか、その対処の仕方にあらかじめ慣れておくことである。そのような訓練ができていると、相手がどのような答えに困る質問をしてきても、オルグとしてそれに対処できるという自信が生れる。この自信こそ、オルグをして、オルグ活動、特に理論闘争に積極的に挑戦させる働きをする。そこで次に、そのような答にこまる質問に対処して、自分を防衛する方法を述べよう。

(イ)　認識操作

これは相手の質問に対し、その質問がよって立つ事実、つまりどんな事実にもとづいてそのような質問をするのかと、相手の質問に対し質問で切り返したのち、相手の述べた事実について、自分はその事実をそのようには認識しない。事実認識に差異があると主張して、自分と同じ認識をその事実について相手がしない限り、認識に相違がある以上、答えられぬと回答することをつっぱねる方法である。もし相手が、相手の質問の根拠となる事実について何ら回答をされぬ場合、事実にもとづくことがはっきりしない質問に、答えることができぬと回答をつっぱねる。

(ロ) **争点操作**

この原型は、質問の意味を勝手にすりかえ、オルグにとって回答し易い質問に直し、それに長々と答え、それを聴く相手があきれると共に聴くことで疲労退屈し、再度の質問をする意欲を失わせるようにする方法である。「今の質問は、このような意味かと考える」などといって答えるような時、この争点操作を行っている場合が多い。この方法は相手がそれでは質問の回答にならぬと、再度回答を促してきた場合にも、相かわらず同じような的はずれの回答を続けるのが秘訣である。

(10) 質疑防衛法—その二—

(イ) **前提操作**

その質問に対する答を理解するには、それ以前にあらかじめあなたの側に、何々という事実あるいは理論についての知識を持っていてもらう必要があると、相手の知らぬ事実や理論を持ち出し、相手がそれを知らぬと答えると、そのような知識がなくては、回答を聞いても理解できない、回答を聞きたければ、その前提として、以上の事実や理論を勉強して、身につけてからにしてこいとつき放す。

㈲　**次元操作**

これは相手が問題にしている次元と、自分が問題にしている次元では、次元を異にする。故に次元を異にする質問に答えられぬ、というやり方である。たとえばあなたは、現在のみを問題にしている。だが私は将来を問題にしている等という類である。この次元の違いには、本質と現象、一部と全体、本音とたて前等、その時々に応じて、随時つかいわけるとよい。

㈧　**立場操作**

質問者の考えている立場と、オルグの立っている立場が異る。たとえば質問者は、少数のリーダーの立場に立っている。オルグは大衆の立場に立ち、その立場からものを思考している。したがって、立場の異るひとから、そのような質問がでるのも当然かも知れないが、大衆の立場に立つ限り、そのような質問は出ない。よって答える必要がないという類である。

㈡　**戻し質問・リレー質問**

相手の質問に対し、もし相手がオルグの立場に立った時、どう考えますかと、逆に質問を返えす。時には質問者本人でなく、質問者の仲間を指名、今の質問に対しあなたならどう答えるかと回答を促す。答えられなかった時、質問者自身ですらわからない質問に答えるわけにゆかない、とつき放す。これは大変矛盾した答のようであるが、悪意に満ちた質問を封殺するには効果的である。

(ホ) **本心操作**

相手の質問に対し、そのような質問をするひとの心のなかは、大体見当がついている。そのような否定的態度をとるひとに対しては、何を答えても無駄である。時間もないので、もっと前むきの心を持っているひとの質問に対してのみ答えることにしたいと、相手の質問を封殺する。悪意に満ちた質問の場合、これをつき放すのによい方法である。

(11) 組織防衛のための闘う組織づくり

以上に述べた理論闘争のやり方は、オルグが敵組織の活動家やリーダーと、理論闘争を挑む時にのみ効果をあげる技術であるというだけでない。これらの技術のなかには、強烈な組織攻撃を敵組織から受けた時、これに対抗して組織防衛をはかる場合の有力な武器となるものもある。

今まで敵組織から組織攻撃を受けた場合など、どの組織も一般に組織防衛の手段として、無関心大衆を少しでも少なくしようとし、これらの大衆をあつめて理論学習ための講演会を開催したり、敵組織からの勧誘にのらぬよう警戒のビラやポスターをまいたり、貼ったり、あるいはできる限りグループで行動し、単独で行動しないようにしたり、時には相互に用心して敵のオルグに乗ぜられる隙を与えないようにするなどの方法をとるのが、普通である。

もちろん、防衛の手段として、これらの手段は確かに有効である。しかし考えてみれば、単に以上の手段をとるだけでは、あまりにも防衛専門で消極的に過ぎる。防衛手段も消極的なものばかりであると組織としての志気が沈滞する。志気が沈滞した場合の組織では、組織化されている大衆の目からみる時、攻撃されるということが大変不安にみえる。さらに以上のような手段は、組織が小さい場合ならとも角、少しでも大となってくると、到底組織のすみずみまで徹底させることができない。勢い組織のどこかの部分が敵組織の攻撃に喰われる。そのような場合、敵組織の攻撃力が現実以上に強力なものにみえ、これが組織化されている大衆の不安を一層増幅させる。そういう状況になると、組織化されている大衆のなかには、組織強化のための組織の締めつけがきびしいと、組織に反発、不平不満を抱くものすら、多発してくるおそれがある。

だが、攻撃は最大の防御ということが、古来からの戦訓である。そうであるとすると、組織攻撃を受けたような場合、この攻撃を防衛しようとして、いたずらにガードをかたくすることにばかり心を奪われ、組織を不安に陥し入れるより、むしろ組織全体を闘う組織につくりかえることが組織の不安もなくなり、志気が高揚し組織防衛の効果があがる。志気が高揚し、闘う姿勢の完備した組織に対しては、攻撃側も容易に攻撃の拠点となる隙を見出すことが困難であるからである。

⑿　闘う組織づくりの具体的方法

では組織全体が闘う姿勢をとるようにするには、どうすればよいか。それには組織化されている大衆のひとりひとりがすべて洩れなく、敵対組織からのどんな攻撃に対しても、たとえ自分ひとり単独でも、これを撃破することができるという自信を持つまでに、自我の内外からその強化をはかることである。

ところで、自我の内的強化をはかる方法のひとつは、敵組織からの理論攻撃にさらされた時、単独でも敵を論破あるいは敵の攻撃を回避する自信を持つことである。そのために一番手近な方法は、理論闘争の仕方のうち、敵のダーク・ロジックによる主張を論破する技術及び質問防衛の技術を、すべての大衆自身が身につけることである。

幸いにして、これら二つの理論闘争の技術は、それを実習する場合、大衆が好んで参加し易いゲーム性を帯びた方法をとることができる。しかもグループ対抗ゲームという形をとる場合、最初にグループ内の連帯が強化する。ついで、グループ相互間のゲームを通じ、この連帯をゲーム参加者全員に拡大する。加えて、ゲーム性を持つことにより、参加者全員が大衆興奮をおこし、活性化するようになる。

以上のことは、理論闘争の場合にも、自分と同様な能力を持つ仲間が、自分以外に数多くいて、自分はそのひと達の目に見えない支援の体制下にあると、安心感が獲得できるゆえ好んで訓練を受け、攻撃を論破してみせるという専守防衛の自信がみなぎり、組織全体が活性化する。

なおこれに加えて、集団武技の訓練も加えれば、たとえ敵組織からの理論攻撃の際、敵が不法な暴力を加味する攻撃を加えても、これを撃破できるという自信が生れ、組織化大衆のひとりひとりの内的自我の強化が完全になり、その上、連帯も集団武技によって強化される。

その上、街頭行進、各種コール、集団輪舞等で、組織の連帯強化をはかるならば、連帯が強化することはいうまでもない上、外的にも大衆のひとりひとりの自我強化が可能になる。このようにして、組織化された大衆のひとりひとりの自我が、内外から強化され、連帯が広まり、組織全体が敵組織の攻撃に対し、これを迎えうつ一種の大衆興奮の状態となった時、これに対しては、いかなる敵理論も攻撃の隙を見出せなくなる。

著者略歴

大正 8 年大阪府に生まれる。昭和 18 年東京帝国大学文学部社会学科卒業，最高裁判所事務官を経て，昭和 34 年より東洋大学社会学部に勤務。昭和 37 年東洋大学教授，平成元年同名誉教授に就任。平成 7 年勲三等瑞宝章叙勲。平成 14 年 11 月逝去。

オルグ学入門 ［新装版］

1982 年 1 月 30 日　第 1 版第 1 刷発行
2011 年 5 月 10 日　新装版第 1 刷発行
2023 年 5 月 20 日　新装版第 3 刷発行

著　者　村《むら》　田《た》　宏《ひろ》　雄《お》

発行者　井　村　寿　人

発行所　株式会社　勁《けい》　草《そう》　書　房

112-0005　東京都文京区水道 2-1-1　振替　00150-2-175253
（編集）電話　03-3815-5277／FAX 03-3814-6968
（営業）電話　03-3814-6861／FAX 03-3814-6854

理想社・松岳社

ISBN978-4-326-65363-8　　Printed in Japan